なぜいつも〝似たような人〟を好きになるのか

精神科医
岡田尊司

青春出版社

「恋愛という病」への処方箋――はじめに

なぜいま恋愛に迷う人が増えているのか

恋愛に悩みはつきものですが、ことに最近は、出会い方も多様化し、選択肢やチャンスも広がっているぶん、恋愛の悩みや危険も増していると言えます。私のクリニックや提携するカウンセリング・センターにも、恋愛や夫婦関係に悩む方が多数来られます。

人付き合いが希薄化《きはくか》していることもあり、どんなふうに恋愛をすればいいのかわからないという人も少なくありません。相手に気持ちを伝えたいけれど、どう事を運べばいいのか、恋愛の仕方がわからなくて困っているというケースもあります。適当に付き合っている人はいても、本当にこの人でいいのか、迷って決められないというケースもあります。あるいは、一緒にいると楽しいけれど、ちょっと気になる点があり、それをどう判断していいのかわからない。相手の態度が腑《ふ》に落ちず、それをどう理解していいのか悩んでいるという場合もあります。

今のパートナーと別れるべきかどうか迷っている人も大勢います。本当に、この人とうまくやっていけるのか、自分にピッタリな人なのか、確信がもてない。ある程度人生経験を積んだ人でさえ、こうした悩みを抱えているケースは意外に多いのです。苦労が本当に報《むく》われるのか、それとも、結局、徒労《とろう》に終わるだけで、早く決着をつけたほうがいいのか、それが見極《みきわ》められずに揺れているという状況にもよく出会います。

ところが、ひとたび恋愛関係になってしまうと、相手の良いところしか見えず、自分が陥ろうとしている落とし穴に気づかないか、薄々気づいていても見て見ぬふりをしてしまったり、未練や遠慮で、ずるずると決断を先延ばしして、大切な時間を無駄にしてしまうという場合も多いのです。

二人の前途に、どんな将来が待ち受けているのか、五年後、一〇年後、二〇年後に、自分たちの恋愛が、どういう結末を迎えているかを、ある程度、見通すことができれば、もっと冷静に判断できるに違いありません。ですが今のところ、せいぜい占いに頼るか、友だちや先輩の主観的なアドバイスを聞くしかありません。もう少し客観的な指針となるものはないの？　そんな思いを、あなたも感じたことはないでしょうか。

恋愛にだって専門知識とトレーニングが必要です

恋愛が難しさを増すなか、近年、恋愛を真面目《まじめ》に考える人が増えているのを感じます。恋愛なんて遊びと割り切っている人もいるでしょうが、戯《たわむ》れのはずの恋が本気になるのも、また恋愛。口先でどう言うにしろ、多くの人は、人生の伴侶《はんりょ》となる存在に出会うことを、心のどこかで期待しながら、自分にふさわしい人との出会いを模索《もさく》していることでしょう。

実際、伴侶選びは、一生を左右する重大事です。

私は長年にわたって、パーソナリティや心の問題に携《たずさ》わってきました。さまざまな精神的な悩みやトラブルを抱えた人が、精神的に行き詰まり、また、そこから回復していく過程にも立ち会ってきました。そうしたなかで、とみに感じるようになったことは、人生とは、その人自身の力だけで決まるものではないということです。

どういう人に出会うかによって、人生は、大きく左右されます。素晴らしい可能性が開かれることもあれば、地獄の入口へと誘い込まれることもあるのです。

とりわけ愛する人との出会いは、人生をバラ色にも灰色にも変えてしまいます。自分にふさわしいパートナーと結ばれた人は、最初のうち苦労があったにしろ、次第にそれが報われ、充実した人生を歩むことができます。しかし、ふさわしくないパートナーに出会ってしまうと、人生を棒に振ってしまうほどの損失を蒙《こうむ》ることにもなりかねません。

人生において、それほど大切な伴侶選びであるにもかかわらず、それに対するノウハウは、まったくお粗末で、勘任せ、偶然任せなのが現状です。実際、恋愛のプロセスやふさわしいパートナーの選択について、きちんと学ぶ機会というのはほとんどありません。光合成や鎌倉幕府、三平方の定理よりも、私たちの人生にかかわることなのに、教えてもらえるのは、せいぜい性教育くらいのものです。

車の運転や飛行機の操縦と同じように、必要な知識を学び、十分なトレーニングを積むことが求められるのです。恋愛し伴侶を選び、愛情を育んでいくことは、ある意味、車を運転するよりもずっと難しく、飛行機を操縦するくらいの技量を要することです。一つ間違えれば、墜落《ついらく》して命を失ってしまうことだってあるでしょう。安全にそれを行うためには、不測の事態も計算に入れながら、危険を避け、乗りこなす知識と技術が必要なのです。もう少し恋愛というものについて、体系的で客観的な判断の基準となるようなものはないものでしょうか。それは、一般教養や衛生知識に劣らず、自分を守り、人生の価値や質を高めるうえで、非常に大切なことに思えるのです。

人生を狂わせかねないパートナー選びへの確かな指針

人生を大きく左右する恋愛という営みにおいて、もう少し科学的な論拠《ろんきょ》に基づいた見通しをもつことはできないか。もう少し信頼できる見地から、客観的な指針やアドバイスを提供できないか。そうした期待に対して、今日の精神科学、心理学が提供できる、もっとも優れた有用性と高いポテンシャルを備えた方法の一つが、パーソナリティ理論に基づく心理行動分析や対人関係分析である「パーソナリティ分析」の手法です。そして、もう一つは、愛着理論に基づく「愛着スタイル」の分析です。

本書は、パーソナリティ分析をベースに、愛着スタイルの理解も加味することによって、恋愛のプロセスや相性、安定性、その未来や困難を予測し、対処《たいしょ》を助けようとするものです。

パーソナリティのタイプによって、恋愛の仕方やパートナーの選び方には、一定の傾向があるだけでなく、二人のパーソナリティ・タイプや愛着スタイルがどういう組み合わせであるかによって、恋愛がどういう道行きをたどりやすいかが、かなり高い確度で、しかも比較的容易に予測できます。その法則性を知っていると、恋愛の結末を、おおよそ見通せるだけでなく、どうすれば、幸福な恋愛を育んでいけるか、生じやすい危険は何なのかについても予《あらかじ》め知り、対処することができます。

恋愛がうまくいくのもいかないのも、恋愛が本物の愛情に育つかどうかも、愛着スタイルも含めた互いのパーソナリティの組み合わせに起因する部分が大きいのです。いわゆる〝相性〟と考えられているものは、二つのパーソナリティの組み合わせによって、ほぼ決定されます。一人のパーソナリティだけでなく、そこに、もう一人のパーソナリティが絡み合うことによって、問題はより複雑になりますが、二つのパーソナリティが生み出すダイナミクス（動力学）を知ることにより、その恋愛がたどる道筋も、陥りやすい危険な落とし穴も、それが幸福なものとなるために必要な条件も見えてくるのです。

本書は、真面目に恋愛を考えている人のために、精神医学や臨床心理学が長年培《つちか》ってきた経験知を結集したものでもあります。本書では、パーソナリティ分析や愛着スタイルの理論に基づきながら、ケーススタディや伝記的な研究により今日まで蓄積してきたものから、多くの具体例を盛り込み、個々のパーソナリティ・タイプやそれぞれの組み合わせに合った恋愛の客観的指針を明らかにしていきたいと思います。

本書を読み終わる頃には、あなたの恋愛観は大きく変わっているはずです。どんなふうに恋愛をすればいいのかわからなかった人も、この人でいいのか迷っている人も、今のパートナーと別れるべきか悩んでいる人も、そこに一つの答えが見えてくるはずです。あなたの期待や思惑に関係なく、一つの客観的な基準が与えられるという点で、心強い味方になることと思います。それを、どう活かすかは、あなた次第です。

本書で提示する恋愛や相性についての理解は、あなた自身のパーソナリティや相手のパーソナリティについて気づきを与えるだけでなく、両者の組み合わせがどんな結果をもたらしやすいか、また、それに対して、どんな手だてを取り得るのかについても、重要な気づきを与えるでしょう。

ただ、あくまで本書は、恋愛という観点に絞って書かれたものです。各パーソナリティ・タイプについて、もっと詳しく知りたい人やパーソナリティの偏りによって起きる問題について、もっと学びたい方は、拙著『パーソナリティ障害』などを参考に、また、愛着理論や愛着スタイルについて基礎から学びたい方は、拙著『愛着障害』『回避性愛着障害』『母という病』などをお読みいただけたらと思います。

執筆に当たっては、女性の視点も入れて描いていくために、恋愛・結婚カウンセラーの方にも一部協力していただきました。一般人のケースは、実際のケースをヒントに、再構成したものであり、特定のケースとは無関係であることをお断りしておきます。限られたページ数のなかで、伝えたいエッセンスをできるだけ理解してもらえるように、構成に工夫を凝らしました。全体像を理解するためにも、自分に関係があるところだけでなく、本書全体を、読み通されることをおすすめします。それによって、あなたは、個人的な枠を超えた恋愛のメカニズムについて、より大きな視点を得られるはずです。

なぜいつも〝似たような人〟を好きになるのか●もくじ

6. 境界性パーソナリティタイプ——確かな愛が感じられない

4章

あなたと相手の相性がわかるパーソナリティ恋愛分析

装画 スカイエマ
DTP ハッシィ

1章

母は選べなくても、
父は選べなくても、
パートナーは選べる！

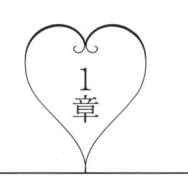

恋愛はハイリスク・ハイリターンな賭けのようなもの

伴侶を選ぶことは、自分の人生すべてを投資するようなものです。「悪妻《あくさい》は六〇年の不作」とも「悪夫《あくふ》は、百年の飢饉《ききん》」とも言われます。人口統計資料集（２００５年版）によれば、四〇歳の時点で、離婚している場合と結婚が維持されている場合を比べると、男性では九・七年も平均余命が短くなり、女性でも、四・八年寿命が縮むという結果が示されています。パートナーとの関係は、あなたの余命さえも左右するほどに、深甚《しんじん》な影響を及ぼすのです。

しかも、その影響は、あなたの代にとどまりません。不幸な恋愛は、生涯の不幸をもたらしかねないばかりか、子や孫の代にまで影響を及ぼしかねないのです。

もしあなたが全財産を投資するとしたら、投資先を慎重に選ぶに違いありません。利回りや安全性、将来性をよく調べ抜いたうえで、投資先を決めることでしょう。伴侶選びは、全財産どころか、あなた自身やあなたの将来までも、すべてを投資する相手を選ぶようなものです。当然、よく研究して、慎重に判断しなければならないのですが、実際には、一瞬の感情で相手を選んだり、成り行きに任せてしまったりすることも少なくありません。逆に、慎重になりすぎて、本当は、理想的な相手に巡り会っているのに、やり過ごしてしまうという場合もあります。選ぼうにも、何の客観的な判断基準もないため、選べば選ぶほど、誰がいいのかわからなくなってしまうといったことも起きてきます。

とはいえ、素晴らしい伴侶にめぐり会うことは、それまでの暗かった人生を、がらりと変えてしまうほどの幸福をもたらします。世界的に有名な心理学者のエリクソンとその妻となった女性ジョアンナ・サーソンの例をお話ししましょう。

エリクソンは、アイデンティティ（自己同一性）の概念《がいねん》を打ち立てた人物で、二〇世紀の知の巨人の一人に数え上げられる存在です。しかし、エリクソンは、大学教育さえ受けていません。青年期までのエリクソンは、家庭でも学校でも、ずっと問題児扱いされていました。義理の父親とうまくいかなかったこともあって、家に居場所がないと感じていました。画家を志したものの、絵の才能にも限界を感じ、各地を放浪《ほうろう》する生活をしていたのです。

一方、カナダ出身のジョアンナもまた、家庭では問題児でした。実の母親とうまくいかず、顔を合わせるとケンカが始まるという具合でした。ジョアンナもまた、家を離れ、遠くウィーンに演劇の勉強にやってきていました。エリクソンが教師として働いていたフリースクールのような学校に、ジョアンナが仕事を求めて訪れたのです。自分の家にも故国にも居場所のなかった二人は、こうして出会い、恋に落ち、やがて結婚します。今で言う、できちゃった婚でした。〝問題児〟同士が一緒になって、まともな家庭など築けるわけがないと思うかもしれませんが、二人は、理想的とも言える幸せな家庭を営んだのです。それればかりか、学歴も後ろ盾《だて》もないエリクソンが、ジョアンナの支えによって、世界的な成功を収めていくのです。

二人のケースは、自分にふさわしいパートナーと居場所を見つけることが、その人の幸福と能力発揮にとって、どれほど大事であるかを物語っています。関わる相手によって、ダメ人間やふしだらな女とされていた同じ人物が、素晴らしい夫や妻、尊敬され愛される人物にもなるのです。

もちろん、その逆もあります。どちらも、たくさんの長所をもち、青年期まで輝いていた二人が、晴れて一緒になったというのに、どちらも別人のように輝きを失い、魅力のない存在になり、ついには、精神を病んだり、家庭が破綻したりという不幸な結果に終わることもあります。恋愛、そして伴侶選びは、ハイリスク・ハイリターンな賭けだとも言えるのです。

恋愛状態の脳は〝狂気〟と紙一重です

しかも、恋愛をさらに危ういものにするのは、恋愛の持つ非理性的な、狂気に近いパワーです。恋をすると、人の脳は高揚状態になります。その正体は、脳内に放出されたドーパミンと呼ばれる神経伝達物質やエンドルフィンのような脳内麻薬、ステロイドホルモンや神経ペプチドの放出増加です。覚醒剤の注射やコカインの吸引によって脳に放出され、脳内の濃度が増加するのもドーパミンです。

ドーパミンは覚醒作用を持ち、脳を活性化させます。そのため、恋をし始めると、ふだんより早く目が醒めるようになります。睡眠時間が短くなり、活動的によく動き回り、よく喋り続けますが、あまり疲れを感じません。ふだんは無粋《ぶすい》な人物も、詩心が芽生えて、ロマンチックな言葉を書き連ねたりします。恋が始まったときの、甘美で天にも昇るような気分は、脳内に増え始めたドーパミンや脳内麻薬がもたらす陶酔《とうすい》と高揚状態によるものです。

しかし、その状態が長く続くにつれて、人の脳はくたびれてきます。次第に疲れが溜まってくるのです。冴《さ》えすぎた神経は、次第にイライラしやすくなったり、訳もなく悲しくなったり、楽しいはずなのに、暗い気持ちになったりということが起こり始めます。

その状態は、覚醒剤やコカインといった薬物を使用したときと似ています。最初は、これまで味わったことのないような心地よさに満たされますが、使い続けるうちに、最初ほどの幸福感は薄れ、逆にイライラしたり、急に気分が不安定になったり、薬のことしか頭になくなったりするのです。

それと同じように、会っても最初ほど満たされないけれど、一緒にいないと落ち着かないという状態を呈してきます。

恋愛状態の脳は、ドーパミン中毒を起こした薬物中毒の患者と似ています。薬物中毒の患者であれば、薬さえ手に入れれば目先の満足は得られるでしょうが、恋愛の場合には、相手は人間です。思い通りに、デートに応じてくれなかったり、愛情を返してくれなかったり、欲望を満たしてくれないことも多いでしょう。そうなると、ふだんは理性的できちんとした人も、狂ったようになってしまうのです。

言ってみれば、恋愛状態の脳は、狂気と紙一重なのです。恋愛がきっかけで、精神的な病気が始まることも珍しくありませんが、脳の中で起きていることを考えると、無理からぬことなのです。

恋愛は、これほど狂おしく、尋常《じんじょう》ならざる状態に人を置きます。ある種の〝異常心理〟状態だとも言えます。通常とは違うように行動することも珍しくありません。そういう危うい状況で、人は人生を左右しかねない選択をしなければならない。だから、なおのこと、判断を誤りやすいのです。

おまけに、恋愛は相手がいる話です。こちらは平静でも、相手だけ狂気じみた状態になるという場合もあります。相手の性質を見誤ったばかりに、命を奪われてしまうということも起きかねません。身を誤らないためにも、ふだんから自分を見つめ、相手を見極める目を磨いておかなければなりません。相手の魅力にばかり溺《おぼ》れずに、危険な性質にも注意を注ぐことが必要です。そうした側面についての知識を備えておくことは、陥りやすい危険から身を守るうえで役に立つのです。

恋愛とは「自分という殻《から》」を超える瞬間

それにしても、恋愛をすると、人はなぜそんな状態になってしまうのでしょうか。人が人を愛するとき、狂気と紙一重の状態へと、なぜ駆り立てられねばならないのでしょう。神はなぜ、そんな危険な状態に人生の重大事を委《ゆだ》ねる仕組みを作ったのでしょう。不思議に思われるかもしれませんが、それには必然性があるのです。

人が人を愛するという行為は、自分がまとった社会的な仮面を脱ぎ捨て、真っ裸になる営みでもあります。自分という存在が、もう一人の別の存在とつながり合うためには、自分の殻を打ち破らねばならない。自分という枠《わく》を超えて、相手を求めねばならない。言わば自分という檻《おり》を飛び越せるだけの跳躍力が必要なのです。そのためには、日々の日常と同じ平穏な状態では、無理なのです。

ベルグソンという哲学者は、人間が生きる行為の本質は、「生の跳躍《エラン・ヴィタル》」にあるとしましたが、生の跳躍の至高の瞬間は、自分を超え、愛する人と一つになる瞬間です。しかし、跳躍するためには、地面を離れなければなりません。今まで確かなものとして守っていたものを、踏み台に蹴《け》って、あてどのない空中へと身を躍《おど》らせなければなりません。それは、どこへ向かうともしれない賭けであり、一つ間違えれば、身を誤るかもしれない。けれども、その一か八かの賭けに踏み切ることができなければ、生の跳躍は起こらず、恋愛が成就《じょうじゅ》することも、新たな人生のページが開かれることもありません。思い切って、慣れ親しみ、確かで安全な状況を振り捨てる勇気をもつことが求められるのです。

「跳ぶのが怖い」という状況は、その賭けに踏み切れずに、今までの自分にしがみついている状況をさしています。恋愛に醒めすぎている人では、我を忘れることができません。そんな人にとっては、これまでの自分から自由になろうと身を躍らす勇気も必要になります。

つまり、恋愛という行為は、一方では、勢いをつけて、身を投げ出す勇気が必要ですが、同時に、身を預ける相手を間違わないだけの理性と計算も忘れてはならないのです。感情と理性のギリギリのバランスを取る行為なのです。

恋愛状態が狂気と紙一重とも言える脳の状態を引き起こす以上、そこでは、日常的な世界では起こりにくい、さまざまな危険も待ち受けています。それを、予見して行動できるかが、結果を大きく左右するのです。

だから揺るぎない指針が必要です

正しい相手を選択し、幸福な関係への一歩を踏み出していくためには、自分と相手の関係を客観的に眺める判断基準が必要です。それによって、自分の恋愛に見通しをもち、期待値とリスクを推《お》し量《はか》り、失敗のリスクを減らすことができます。

ところが、現実問題、一〇代、二〇代の若者だけでなく、三〇代、四〇代になっても、恋愛というものがどういう仕組みで始まり、動いていくのかということについて、多くの人は、極めて一面的な知識しか持ち合わせていません。かなり運任せに、我が身を委ねてしまうことも多いのです。新たな一歩を踏み出したと思ったのに、気がついてみたら、まったく同じ失敗をしていたということもありがちです。

恋愛について、一角《ひとかど》のことを経験してきたつもりの人も、自分だけの狭い体験で見ているため、実際には死角だらけです。誰もが、自分の人生を必死に生きるのに精一杯なのですから、それは当然のことです。他人がどんなふうに感じ、どんなふうに行動し、恋愛をするのかまでは、考えている暇がありません。けれども、恋愛においては、自分だけでなく、別の意思や人格をもった相手がかかわるのですから、まさにその点が重要なのです。自分の視点でしか見えていない限り、客観的な見通しを得ることも、相手がどう感じているかを読み取ることもできません。

相手があってこそ成り立つ恋愛は、いくらこちらが努力しても、うまくいかない場合もあります。うまくいかないのは、こちらのやり方が悪かったとか、努力が足りなかったとかといった問題だけではありません。本人たちが、まったく気づいていない何かが食い違ってしまっているのです。人間と人間の出会いを左右し、それを実りあるものにしたり、不幸のどん底にたたき落としたりするもの、それは、「運命」としか呼べないものなのでしょうか。

　パーソナリティについて研究するなかで、気づかされたことの一つは、人々が「運命」と呼ぶものが、実は、天が定めたものでも何でもなく、自分自身のパーソナリティの偏《かたよ》りや不安定な愛着スタイルが作り出したものだということです。恋愛における「運命」もまた、しかり。そのことを理解し、適切に対処する術を学ぶことが、占いに一喜一憂したり、「運命だ」と嘆いたりせずに、幸福な人生を手に入れる、もっとも着実な方法なのです。

2章

なぜあなたはいつも〝同じような恋愛〟を繰り返すのか

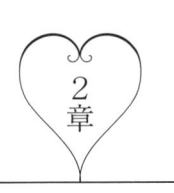

性懲《しょうこ》りもなく同じ失敗を繰り返すのはなぜ？

男運が悪いとか、女運が悪いと言って、嘆く人がいます。あるいは、なかなかいい人に縁がなくてとか、出会う機会がなくてと、こぼす人も少なくありません。また、好きになっても、いつも片想いばかりで恋愛が成就しないと、諦める人もいます。どうして、うまくいかないのでしょうか。

実は、こうしたケースには、共通する問題があります。

男運が悪いとか女運が悪いとか、運のせいにしている人の話をよく聞いてみると、同じようなタイプの相手ばかりを、性懲りもなく選んでいることが多いのです。本人は、相手が変わったのだから、今度こそ幸福が待っているのではないかと思い、新たな関係に入るのですが、相手が別人になったというだけで、相手の本質的な部分が同じであれば、また同じようなことが起きてしまいます。

つまり、相手を見分ける目がなければ、同じような相手を選んでいても、自分では、新しいタイプの人を選んだ気になってしまうのです。

出会いのチャンスがなくてとか、片想いばかりでと、嘆いている人の場合も、大きな錯覚があります。出会いに恵まれている人は、たまたま、いい人と出くわす機会が多く、良縁が向うからやってくる幸運な人で、出会いがない人は、自分を好きになってくれる人が目の前に現れない不運な人だというような錯覚です。

実際には、出会いの多い人は、自分からアクションを起こして、網を仕掛けている人なのです。どんなに美しく魅力的な人でも、網を仕掛ける術を知らなければ、意中の人を捕まえることは難しい。寄ってくるのは、歓迎できない相手ばかりだということもあります。その見分けがつけられないと、どんなに魅力や才能に恵まれていても、不釣り合いな相手に、自分を安売りしてしまうことでしょう。ましてや、釣り糸も垂らさずに、バケツの中にふさわしい人が飛び込んできてくれるようなことは、何十年待っていても起こりません。

片想いにばかりなる人は、自分にふさわしい相手とふさわしくない相手を見極めることができていません。どんなに素晴らしい人であれ、自分の価値をわかってくれる人に売り込まなければ、恋愛は成立しません。わざわざ不向きな相手に、間違ったアプローチの仕方をしているのです。

ところが、恋愛がうまくいかない人は、いつも同じようなパターンを繰り返してしまいます。それはなぜなのでしょうか。

“パーソナリティの偏り”が同じ軌道を歩ませています

人は自由意思をもつ存在です。何事にも縛られずに、自由に考え、決断し、行動することができるはずです。しかし、現実は違います。感じ方や考え方も、決断や行動の仕方も、実は知らず知らず、意識しない何かに縛られているのです。

本心とは違う選択をしてしまったり、一番望んでいることを、最初から諦めてしまったりすることが何と多いことか。また、あんなに後悔したはずなのに、また同じような失敗をしてしまうということもしばしばです。人は、幸福な人生を願いながら生きているはずなのに、わざわざ幸福を遠ざけてしまうような生き方をしてしまう。そんなとき、「所詮、運命なのだ」と、諦めの言葉をつぶやきたくもなります。でも、本当にそうなのでしょうか。

空にある星や太陽は、地球の周りを回っているように見えます。二〇〇〇年余り前まで、人々は、天が地球の周りを回っていると堅く信じていました。いわゆる天動説です。そこにコペルニクスという人物が現れて、動いているのは、地球のほうだという地動説を唱えました。コペルニクスは人々を惑わした廉《かど》で、磔《はりつけ》にされて、焼き殺されてしまいました。けれども、今では、誰もがコペルニクスが正しかったことを知っています。

この天動説という誤謬《ごびゅう》（誤った認識）は、本当は自分に原因があるのに、周りに原因があるように見てしまう典型的な例です。運命という考え方も、この天動説によく似ています。天によって私たちの人生が動かされているという運命論は、天動説と同じ誤謬の結果なのです。「運命」のように見えても、実際は、私たち自身に原因があるのです。

私がこのことをはっきりと認識するようになったのは、パーソナリティ障害の臨床や研究においてです。あるタイプの人は、同じような人に出会い、同じような騙《だま》され方をして、同じような結末を迎えることを、何度でも繰り返していました。また、別のタイプの人は、大恋愛をして結ばれるのですが、相手を裏切って別れるということを繰り返していました。また、別のタイプの人は、愛すれば愛するほど、相手を縛ってしまい、いつのまにか暴力をふるってしまうということを繰り返していました。さまざまなタイプがありますが、それぞれの人の心に備わっている偏《かたよ》りが、同じような出会いと展開を招き寄せ、同じような結末を迎えるということを繰り返していたのです。

磁石をもたずに砂漠をどこまでも歩くと、やがて同じところに戻ってきてしまうと言います。左右の足の長さの微妙な違いによって、まっすぐ歩いているつもりでも、いつしか巨大な円を描いてしまうのです。それと同じように、私たちの心と行動の偏りは、私たちが知らないうちに、同じような人生行路を歩ませてしまう。何年も経ってから振り返ると、また同じことをしていたと気づくことになるわけです。

運命と見えたものは、実は自分自身のパーソナリティの偏りが生み出した、巨大な円なのです。同じところを何度も歩きながら、「これが、自分の運命だ」と嘆くのは愚かではありませんか。まっすぐ進んでいくために必要なのは、確かな方位磁石と地図、つまり客観的な指針なのです。あなたの顔色をうかがいながら、あなたをがっかりさせないように与えられた、玉虫色のアドバイスでは役に立ちません。もっとはっきりと、あなたは、こういう方向に曲がっていきやすく、こういう危険に陥りやすいと、客観的に教えてくれる指針が必要なのです。それによって、自分の偏りを認識し、それを修正する術を学んでいけばいいのです。

パーソナリティはそう簡単には変えられません

人はそれぞれ固有の認知（受け止め方）、感情、行動の様式をもっています。この持続性をもった様式は、一八歳を過ぎた頃には、ほぼ固まってきます。この認知、感情、行動の様式のことを、精神医学や心理学では、パーソナリティ（人格）と言います。

責任感がとても強い人もいれば、とてもいい加減で、都合《つごう》が悪いことは、すぐに人のせいにする人もいます。自信たっぷりの人もいれば、自信がなく、いつも失敗するのではないか、人から非難されるのではないかと恐れている人もいます。人付き合いが活発で、コミュニケーションを楽しむ人もいれば、一人でいるほうが気楽で、必要以外はあまり口を利きたがらない人もいます。

こうしたそれぞれの特性が組み合わさって、一つの人格が作られるのですが、ここ一世紀ほどにわたる多くの先達の研究からわかってきたことの一つは、こうした特性は、ランダムに組み合わさるわけではなく、結びつきやすい性質があって、それぞれまとまりを持った、いくつかのタイプに分かれるということです。臨床的な研究だけでなく、疫学的、統計学的な研究により検証が重ねられてきた結果、大きく分けて十タイプくらいがあるということがわかってきました。

パーソナリティのおよそ半分は、生まれつきもった気質であり、遺伝的要因により決定されます。後の半分くらいは、後天的に身につけた性格であり、環境的要因（主に育ってきた心理社会的環境）に左右されます。両者が混じり合って、パーソナリティというものが出来上がっています。

一旦出来上がると、これは、そう簡単には変えられない持続性と構造的安定性をもちます。鳥は空を飛び、獣は地を駆け、魚は水中を泳ぐように、それぞれ生き方のスタイルというものをもっています。パーソナリティについても、同じことが言えます。生物学的な特性と、心理社会的な学習の結果身につけた認知、行動レベルの反応パターンがぴったりはまり合うことで、堅固《けんご》な様式が出来上がっているのです。

たとえば、几帳面《きちょうめん》で、潔癖《けっぺき》で、責任感が強いが、妥協《だきょう》が苦手であるといった一連の特性をもった強迫性パーソナリティでは、固執性《こしゅうせい》という遺伝的に決定される気質と後天的に身につけた自己超越（自分よりも集団への貢献《こうけん》を優先する傾向）という性格特性が合わさって成り立っています。固執性と自己超越の両方を満たす人生の基本戦略として、このタイプの人は、秩序維持戦略という生き方の方針をとっているのです。

過剰な自信、傲慢《ごうまん》で尊大な態度、他人を当然のように利用し、他人の痛みには無関心な傾向、賞賛に対する欲求といった特徴をもつ自己愛性パーソナリティでは、損得で動く傾向が強い報酬依存という気質的要素と、自己志向（自分自身の価値を無条件で一〇〇％認める傾向）という後天的な要素の強い特性が合わさっています。報酬依存と自己志向の両方に叶った戦略として、自己を絶対視し、他人を見下すことで、自分を守ろうとする自己愛的防衛戦略という生き方を身につけているのです。

もって生まれた気質、後天的に身につけた価値観や考え方、さらに行動の戦略の三者が、緊密にはまり合うことによって、そう簡単には変わることのない構造を作り上げています。それが、パーソナリティです。

恋愛を左右する母親との関係――「愛着スタイル」

パーソナリティが出来上がるうえで、一番その土台となっているのが愛着（アタッチメント）です。愛着は生後一年半までに母親との関わりによって形成される半永久的な絆《きずな》です。それは、心理的な絆にとどまらず、生物学的な絆でもあります。よく世話をされ、安定した愛情を受けて育つと、安定した愛着が形成されます。愛着は母親との関係のみならず、それ以外の対人関係の〝鋳型《いがた》〟ともなります。母親との関係が安定していると、対人関係全般が安定しやすいのは、このためです。愛着の安定性は、対人関係のみならず、基本的な安心感や信頼感、ストレスや不安に対する抵抗力、生涯にわたる心身の健康や平均余命まで左右します。

特に一歳半までの関わりが大事ですが、その後の体験も影響します。特に影響が大きいのは、両親の夫婦仲です。親の離婚は子どもの愛着の安定性にダメージを与えやすいのです。イジメのような安全感を脅《おびや》かす体験も、愛着を不安定にします。逆に、いつも必要なときに守ってくれる「安全基地」となる存在をもつことで、愛着が安定しやすくなります。

一〇代後半には、その人の愛着スタイルがほぼ確立されます。愛着スタイルには、「安定型」と「不安定型」があり、不安定型には、親密な関係を避ける「回避型《かいひがた》」、人の関心や愛情を過度なまでに求めようとする「不安型（とらわれ型）」、人に見捨てられるのを恐れつつ、甘えられる人を求めようとする「恐れ・回避型」、愛着に未解決な傷を抱えている「未解決型」などがあります。

愛着スタイルは、生活のあらゆる面をいつのまにか支配していますが、ことに影響が大きいのは、親密な人間関係が求められる恋愛や結婚、子育てといった領域です。恋愛が本当の意味でうまくいくかどうかは、単に恋愛が成就し、意中の人とセックスすることよりも、長続きする愛情や信頼のうえに安定した家庭を築き、安心して子どもを育てられる恒常性《こうじょうせい》にあるとしたら、恋愛の成否を考えるうえで、愛着の安定性という問題は避けて通れません。

愛着スタイルは、一旦出来上がると、七割くらいの人で変わることなく維持されます。

しかし、三割くらいの人では変動がみられます。安定型だった人が、不安定型に変わることもあれば、不安定型だった人が安定型に変わる場合もあります。その場合、もっとも関与が大きいのは、配偶者やパートナーとの関係だとされています。愛着が不安定な場合も、配偶者や恋人との関わりのなかで、それを安定したものに変えていくチャンスがあるのです。愛着が不安定なもの同士がカップルとなる場合もそうです。先のエリクソン夫妻の例は、まさにその証《あかし》だと言えるでしょう。

しかし、多くの場合、愛着が不安定なもの同士の恋愛や結婚は、困難が多く、破滅的な結果に至りやすいのです。不安定な愛着を抱えている人は、愛着が安定した人と結ばれるほうが、安らぎを手に入れやすく、成功のチャンスを増やすでしょう。

いずれにしても、カップル間の愛着を安定させることが、恋愛の成就だけでなく、互いの幸福や社会的成功にもつながっていきます。なぜなら、愛着が安定するということは、互いが〝安全基地〟としてうまく機能しているということであり、安心の拠《よ》り所をもつことで、どちらもが力や可能性を発揮しやすくなるからです。逆に言えば、お互いが〝安全基地〟となれるかどうかが、二人の関係の未来を決定づけるとも言えます。

パーソナリティによって恋愛パターンは驚くほど違う

愛着スタイルだけでなく、そこからさらに分化した認知、行動のスタイルには、一人一人固有の傾向があり、また、その人その人で、何に価値を置くかという点も異なっています。愛着をはじめ、認知や行動のスタイルが違えば、恋愛の仕方も違ってきます。価値観が違えば、話をしていてもどこか食い違ってしまいます。

価値観というものも、パーソナリティのタイプによって、おおよそ決まります。愛情を第一に考えるタイプもあれば、利益や損得を第一に考えるタイプもあり、理屈に合うかどうかを第一に考えるタイプの人もいますし、義理人情や世間体《せけんてい》を何よりも重視する人もいます。自己実現に重きを置く人もいれば、家族や組織のためなら、責任に殉《じゅん》じようとする人もいます。どれが良いとか悪いとかというのではなく、それぞれの人格によって大切にするものが違うということです。

それは、米を主食にするか、パンを主食にするか、イモやトウモロコシを主食にするかといった生活習慣の問題とほとんど同じです。自分と同じように、愛情を第一に考えてほしいと思ったところで、米が一番美味しいと思っている人に、イモを毎日食べさせようとしても、もう飽きたと言われるだけです。

行動のスタイルが異なるように、求愛行動のやり方も、それぞれ異なります。相手の気を惹こうと、見事な羽を広げる者もいれば、甲高い声で鳴く者もいます。餌で相手の油断を誘う者もいれば、真っ赤になったお尻を見せる者もいます。パーソナリティのタイプによって、好まれる求愛の仕方も異なるのです。相手に合わない行動スタイルでアプローチしようとしても、相手は当惑するだけです。

パーソナリティによって、生き方も違えば、恋愛の仕方や愛情の様式も違う。パーソナリティのタイプが見抜けるようになれば、その人が、どういう愛し方、愛され方を好むのかが、わかってきます。ハートを射止めるために、どんなアプローチが有効なのか、愛情を育むうえで、何がポイントで、どんな落とし穴が待ち受けているのか。どうすれば、それをうまく避けることができるのか、といったことも予測がつくようになります。

行動や認知の癖《くせ》を知り、価値観や生き方のスタイルを理解したうえで、ふさわしい相手を選び、ふさわしい愛し方をすることは、充実した愛情生活や豊かな人生を手に入れるチャンスを増やすのです。

自分自身を知れば、相手も見えてくるものです

このように互いのパーソナリティのタイプや愛着スタイルを知ることは、その人の行動や心理を理解し、より適応的な対処を行うのに有用なだけでなく、二つのパーソナリティ間の関係をより立体的に把握し、生じやすい問題の防止や改善に役立てることもできます。

しかし、自分は心理学や精神医学の専門家でもないし、パーソナリティのタイプや愛着スタイルを見分けることなどできるだろうかと、心配されるかもしれません。生まれ月や血液型で、タイプがわかるという単純なものでないのは確かですし、それなりに、知識と

人間観察力を養ってもらう必要はありますが、それを学ぶこと自体が、あなたの人間に対する目を養っていくことにつながるのです。

タイプを見分けるうえで、手がかりとなる特徴を具体的に説明してありますので、よく読んでいただければ、あなたも、段々とパーソナリティ・タイプを見分けられるようになるでしょう。ふだんは、些細《ささい》なこととして見逃していたことが、実は、とても重要な意味をもつサインだったこともわかるでしょう。何気なく相手が示すサインを、少し気をつけて見ているだけで、あなたは、相手のタイプが見抜けるだけでなく、どういう心の動きや行動の仕方をする人なのかが、おもしろいくらいに見えてくるはずです。少々カモフラージュして、別人を演じているような場合でも、ふと漏らす一言やちょっとした特徴で、それほど苦労せずに、相手の〝正体〟を見破ることができます。もちろん、実践を積み重ねていけば、人物眼はいっそう磨かれていくことでしょう。

それでも、不安だという人のために、簡単にパーソナリティのタイプをチェックできるシートを用意しました。巻末には、愛着スタイルのチェックシートも掲載しましたので、本文の内容と合わせてご活用ください。

最後にもう一つ、大事なことを述べたいと思います。それは、他人を知るためには、自分自身を知る必要があるということです。本書を、自分自身を知るためにも、活用してほしいのです。自分自身をよく知ることができるようになると、自分をコントロールできるようになり、相手のことも、冷静な目で見ることができるようになります。自分自身の偏りを自覚することによって、歪んだレンズではなく、まっすぐなレンズで相手を見ることができるようになり、幻ではない相手の客観的な姿が見えてくるのです。

自分のパーソナリティと相手のパーソナリティが把握されると、二人の間で起きていることが何なのか、その本質がわかってきます。自分自身だけでなく、相手のほうの愛着の安定性や愛着スタイルを理解すれば、いま直面している不可解な事態についての洞察はさらに深まるでしょう。そして、あなたの恋愛が真の意味での幸福につながるものとなるために、どうすればよいか、自ずと見えてくるに違いありません。

3章

あなたと相手の恋愛の偏りがわかる9つのパーソナリティとは？

本書では、九つのパーソナリティタイプについて取り上げます。シゾイドタイプとスキゾタイプは、本書では、一般的にもなじみのあるアスペルガータイプとしてまとめて記載しました。各パーソナリティタイプについて、その特徴や見分け方のポイント、背景や原因、そのタイプの人が落ちるポイント、そのタイプの人が上手に愛するポイント、陥りやすい落とし穴、の各項目について解説してあります。また、愛着スタイルとの関係についても述べてあります。各タイプの特性を理解するとともに、そのタイプに合った恋愛の仕方について学んでいただきたいと思います。各セクションの冒頭に、各パーソナリティタイプの自己診断チェックを掲げてあります。また、巻末には「愛着スタイル診断テスト」も掲載しました。

人間のパーソナリティには、しばしば複数の要素が混じります。より深い理解には、もっとも傾向の強いパーソナリティ（第一のパーソナリティ）だけでなく、第二、第三のパーソナリティについても見ていくことが必要です。それぞれは、併存している場合もあれば、時と場合によって、別の顔を出すこともあります。この点を理解しておけば、相手の態度が変化しても、戸惑うことなく対処できますし、上手に愛するためにも、その人の構成要素を把握しておくことが役に立ちます。自己診断チェックの得点が高いものから順に第一、第二……のパーソナリティタイプです。なお、具体的なケースは、次の4章で多数取り上げているので、そちらを合わせて読むと、一層理解が深まるでしょう。

1. 回避性パーソナリティタイプ

——どうせムリだとあきらめる

【自己診断チェック】以下の各項目について、よく当てはまる（◎）、当てはまる（○）、どちらとも言えない（△）、当てはまらない（×）のいずれかで答えてください。現時点のあなたの気分や行動だけでなく、過去数年間、あなたがどんなふうに感じ、行動していたかを振り返りながら、もっとも当てはまるものを選んでください。「どちらとも言えない」が多くなりすぎると、判定の感度が低下するのでご注意ください。

□断られたり、けなされたりすると厭《いや》なので、人付き合いの多い仕事には就きたくない。
□自分に好感をもっていない人とは、あまり関わりたくない。
□嫌われたらいけないので、親しい人とも、自分を抑えて付き合うほうだ。
□馬鹿にされたり、仲間はずれにされないか、いつも不安である。
□人に会ったり、出かける約束を、直前になってキャンセルすることがよくある。
□どうせ自分には魅力がないので、あまり人に好かれないと思う。
□新しいことをしようとすると、うまくいかないのではと不安になって、実行しないうちに諦めてしまうことがよくある。
□水着を着たり、体が相手と接触したりするのは、あまり好まない。
□面と向かいあって喋るのは、苦手である。
□自分の気持ちや感覚を表現するのは、恥ずかしくて苦手だ。

判定　◎を2点、○を1点として計算し、6点以上の場合、このタイプの傾向が認められると言えます。

1 回避性パーソナリティタイプとは？

距離をとり親しくなるのを避けてしまう

回避性タイプの一番の特徴は、人と必要以上に距離を取り、親しくなることを避けようとすることです。距離をとるのは気持ちの面だけでなく、物理的、身体的にも、他人が接近し過ぎることに敏感で、接触を避けようとする傾向が見られます。顔と顔を向かい合わせるような状況も苦手です。顔をそらして、目が直接合うのを避ける傾向もみられます。当然、体がじかに触れ合うようなことに対しては、緊張や不安が強く、人によっては不快に感じることもあります。

神経が過敏で、神経質な傾向があり、極度に気を遣《つか》う傾向が見られます。そのため、人といると気詰まりに感じ、疲れてしまいやすく、人付き合いには消極的になりがちです。会いたい気持ちがあっても、気を遣ったり、緊張したりすることを考えると、何となく面倒になり、会うのを断ってしまったりします。三回会うところを、一回か二回で済ませたほうが楽だと感じてしまうのです。会うのが厭というわけではないのですが、他の面での苦痛が、行動を控えさせてしまうのです。

このタイプの人にとって、人と直《じか》に関係するよりも、ネットや手紙を介した関係が気楽です。ネットで親しくなっても、それ以上の関係に進もうとしないケースも、このタイプでよく見られます。距離を隔てた関係が、一番気楽で安心なのです。

どうせ自分なんか幸せになれないと思い込む

回避性タイプのもう一つの特徴は、失敗することに極度に臆病《おくびょう》だということです。失敗して傷つくことが怖く、厭な思いをするくらいなら、最初から何もしないほうがいいと考えるのです。成功する可能性が六〇％あっても、このタイプの人は失敗する四〇％の危険のほうにばかり神経がいき、挑戦することを諦めてしまいます。その人の実力なら、もっと上を目指せる場合でも、実力より下の学校や会社で満足しようとします。チャレンジして失敗したらと思うと、挑戦する気が萎《な》えてしまうのです。「どうせ無理」「ダメに決まっている」「やっぱり止めておく」「私なんか」といった言い方をよくするのも特徴です。

意中の人が、明らかに好意を持って近寄ってきても、どうせ自分なんか、本当には好きになってもらえるはずがないとか、結局嫌われてしまうと考えて、それなら、最初からかかわりを持たないほうがいいと思い、素《そ》っ気ない態度で応じてしまうことさえあります。いつか嫌われたり拒絶されたりして傷つくかもしれないと思うだけで、もう沢山《たくさん》だと思ってしまうのです。

そのくせ心の奥底には、意外に高いプライドが隠れていて、そのプライドを必死に守ろうとした結果、予め悪い結果を言って傷つくことを避けているということも多いのです。

欲の少ない淡白な「草食系人間」

大人しく、ガツガツせずに、何事にも淡泊で、静かに趣味の世界などに熱中するのを好む草食系の若者が増えていますが、精神医学的に言えば、草食系は、回避性タイプそのものです。このタイプは、欲望も控えめで、ギラギラと脂《あぶら》ぎったところがなく、面と向かって対立したり、戦ったりということを好みません。羊やシマウマのように人畜無害な生き方が合っています。したがって、我の強すぎる人や貪欲《どんよく》な人は苦手で、生理的に受け付けないところもありますが、何かの拍子に支配されてしまうと、そこからなかなか抜け出せなくなってしまいます。前面に出るのが苦手なので、強い自我を持ち、判断力があり、社会性に優れた人の陰に隠れてしまうことも多いのです。

好きな人ができにくい

他人に対して親しみを感じ、愛着するということは、長持ちする対人関係の基礎ですが、誰に対してもすぐ親しくなる人もいれば、なかなかなじめない人もいます。愛着したり親密になったりしやすい人としにくい人がいますが、その点を左右するのが愛着スタイルです。愛着スタイルは、持って生まれた素質が四分の一、幼い頃などの体験による部分が四分の三くらいかかわっているとされます。近頃、増えているのは、愛着が生まれにくい回避型愛着スタイルの人で、大学生を対象とした調査では、その割合は四割にも上ります。

このタイプでは、誰に対しても、あまり親しみを感じず、親しそうにしていても、心から打ち解けるわけではなく、心の距離もなかなか縮まりません。回避性タイプは、若い世代において、急増していると言われているタイプの一つです。

ただし、回避性タイプには、回避型の愛着スタイルだけでなく、不安型や恐れ・回避型の人も混じります。その場合は、親密な関係を避けながらも、人を求めようとするので、葛藤《かっとう》が強まりやすいのです。愛着スタイルが比較的安定している人では、回避性タイプの傾向があっても、対人関係はそれなりに安定し、小数の人と親密で安定した関係を築いていきやすいものです。

恥ずかしがり屋で動きがぎこちない

このタイプの他の特徴としては、体の動きがどことなく不器用で、ぎこちないことで、ダンスをしたりするのも苦手な人が多くいます。恥ずかしがり屋の傾向があり、人前で体を動かしたり、肌をさらけ出したりすることは好みません。裸を曝《さら》し合うセックスのような行為は、このタイプの人にとっては、喜びというよりも、不安で苦痛なことに思える場合も少なくありません。奔放に愛の歓《よろこ》びを体の動きや声で表現するということに抵抗を覚えがちなのです。

実際、このタイプの人では、セックスレスの頻度が他のタイプより高いと言われています。もちろん、このタイプの人も、安心できる関係が築かれれば、セックスの歓びを味わうことができます。

②どのような親から生まれどのように育ったか

こうした行動や考え方の根底には、どうせ自分はダメ人間だという低い自己評価があります。欲張ると、また失敗して笑われてしまわないか、周囲から否定されないかと恐れているのです。こうした性格が生まれる背景には、親からいつも厳しい目を向けられ、いいところを褒《ほ》められるよりも、悪い点ばかりをあげつらわれて、ビクビクしながら育ったという生育歴が大いに関係しています。きょうだいに、もっとしっかり者で優秀な人がいて、その人と比べて、ダメ扱いされてきたというケースにもよく出会います。「親に余り褒められたことがない」と語るのが特徴です。また、過度に支配され、自分の主体的意思ではなく、親から押し付けられるままに行動し、いつも監視されるように育ったという人も多いものです。

養育の問題以外にも、いじめを受けたり、人前でひどく恥をかく体験をしたり、プライドを打ち砕かれる経験をして、自分に対する自信を失ってしまったという場合もあります。両者が重なっていることも多々あります。プライドを傷つけられるような体験をしても、それを押し退《の》けることができる人もいますが、このタイプの人は、うまくいった体験より、ネガティブな体験にとらわれがちです。元々、内気で大人しかったという人ばかりではなく、小さい頃は、活発だったという人もかなりいます。思春期頃から段々と消極的になり、自己評価も下がってしまったということが、よく見られます。

特別な才能や能力を備えた人も少なくないのですが、そうしたケースでも、あまり自分のことは評価しておらず、大したことないと考えがちです。

3　回避性パーソナリティタイプの人が落ちるとき

心が動く瞬間

だんだん好きになっていく

このタイプの人は、消極的で、不安が強く、自分にあまり自信がありません。自分のような者は、拒絶されるのではないか、嫌われるのではないかと思ってしまい、行動がとれないのです。そのため、まず安心できるような空気を作ることが大事です。急に褒めすぎたり、急に接近しすぎたりすると、かえって警戒し、居心地悪くなって逃げだそうとしたり拒絶的になったりします。強い感情や強い反応も、このタイプの人は苦手です。声が大きすぎたり、場違いにゲラゲラ笑ったりするタイプの人も、繊細なこのタイプの人には、がさつに感じられます。

感情や喜怒哀楽《きどあいらく》は抑えめに、淡々と接するのが好感を持たれるコツです。ベタベタするのは嫌われます。クールなくらいでちょうどいいのです。通常よりも距離をとって接したほうが、このタイプの人は安心します。その意味で、メールや文通によるコミュニケーションは、このタイプの人との出会いや初期の付き合いには、もってこいです。

反応の良さを期待すると、物足りなさを覚えてしまいます。黙ってあなたの話をきいているだけで満足ということもあるのです。面と向かいあうと、うまく言えないという場合もあります。そのぶん、メールや手紙の遣り取りでは、濃い反応が返ってきたりします。

ただし、安心感を覚えるにつれて、よく喋るようになります。決しておしゃべりが嫌いなわけではないのです。このタイプの人が、よく話すようになったら、それはあなたに対して安心感を抱いているということの表れです。

肉体的な接触には、人一倍抵抗や不安が強く、その意味で、一度に最後まで求めるような性急なやり方をすると、激しく拒否されたり、気持ちを傷つけてしまうことにもなりかねません。このタイプの人と良いパートナーシップを築いていくためには、時間を掛けて徐々に親密になっていくのが良策です。一つ一つの段階に十分時間を掛けて進んでいくことが、このタイプの人に対する思いやりです。手をつなぐというところから始めて、徐々にステップアップしていくと良いでしょう。

急に接近されると、このタイプの人は不安になり、自分の世界を守ろうとして、殻を閉じてしまいがちです。一旦、危険視されてしまうと、かえって接近が難しくなります。このタイプの人に近づいていくのは、地球の大気圏に突入していくようなものです。角度が深すぎると、燃え尽きてしまい、角度が浅すぎると、跳ね飛ばされてしまって、二度と地上に降り立てないのです。急ぎすぎず、かといって、ゆっくり過ぎても関係はすれ違ったまま、永久に交わることがありません。近くにいることにまず慣れさせたうえで、段々と接近を図っていくことが必要なのです。

このタイプの人は、新しいものを受け入れるのに時間がかかっても、一旦受け入れると、それが目に入らないと、寂しく感じます。このタイプの人に近づいていくには、これと同じ原理が有効です。毎日、邪魔《じゃま》にならない程度に少しずつ顔を合わせ、さりげなく心地よいサインを送り続ける。笑顔でも、ささやかな親切でも、一声掛けることでもいい。それを、適度な距離で続けることが大事なのです。そうして、それが相手の生活習慣の一部になった頃に、次の段階のアプローチに移りましょう。

さりげなく褒められるほど心に響く

その一つは、褒めることです。重要なのは、最初からこの戦略をとっても、あまりうまくいかず、かえって警戒心をかき立ててしまうということです。このタイプの人は、褒められることに慣れておらず、自分が否定されたり、くさされたりするのではないかと、いつも身構えています。

そこに、いきなりとってつけたような褒め言葉をもっていくと、このタイプの人は、ひどく居心地が悪く感じ、おちょくられたのではないか、遠回しに馬鹿にされたのではないかと考えてしまいがちです。あなたは、皮肉な油断のならない人間とみなされかねません。褒められたから、素直に喜ぶという回路が、あまり発達していないのです。まず、安心できる関係ができてからでないと、褒めるという行為も、逆効果になってしまいます。

ある程度、互いを見知った頃に、さりげなく褒め言葉を言うと、その内容が、些細なものであればあるほど、その人の心に深く浸透《しんとう》します。褒め言葉を、相手は何度も心の中で反芻《はんすう》することでしょう。ポイントは、些細なことをさりげなく褒めることです。容姿や魅力といったことに、いきなり触れない方が無難です。このタイプの人は用心深いので、そうした一言で、あなたを危険視してしまう可能性もあります。もっと中立的な、しかし、内容が具体的ではっきりしたものがいいでしょう。曖昧《あいまい》すぎることを言うと、悪い方に邪《じゃ》推《すい》して、馬鹿にされたのではないかと勘ぐってしまう危険もあるからです。

たとえば、「いつもきちっとお仕事をされてますね」とか、「印象的な、きれいな字ですね」とか、「お客さまが喜んでいましたよ」とか、「何でもよくご存じですね」といったことを、一言だけさりげなく言うのです。人は、心地よい刺激を受けたとき、それを与えてくれたものを愛するようになります。褒められたことの心地よさと、あなたの存在が淡く結びついていくように、またしばらく置いて、さりげなく褒めます。

　褒める内容以外にも「助かりました」とか「いつもありがとうございます」といった言葉を笑顔と共に送るのも良いでしょう。相手の反応が乏しいように見えても、それは、このタイプの人の表情や反応が元々乏しかったり、わざと素っ気なく振る舞ったりするためで、心の中では、あなたに言われた言葉が楔《くさび》のように利《き》き始めています。褒めることは、恋愛において優れた媚薬《びやく》なのです。褒めることは、さりげない好意の告白にもなりますが、それは、本当の告白と違って、反応が芳《かんば》しくない場合も傷つく心配がありません。もっともリスクなく、好意を打ち明ける方法が、褒めるということなのです。

愛が深まるコツ

強引にではなく少しずつ気持ちを聞いていく

回避性タイプと安定した関係を築いていくうえで大切なことは、このタイプの人の不安や自信のなさを理解し、あまり急に、この人の世界を脅かそうとしないことです。強引に踏み入ったり、口うるさく支配しようとしたりすると、面と向かっては反発しないとしても、やがて限界を迎えて、関係は崩壊《ほうかい》してしまいます。このタイプの人は傷つきやすい面をもち、ギリギリまで我慢して、突然、逃げ出すという形で終わりを迎えやすいのです。

このタイプの人は、自分からはなかなか本心を言おうとしません。本人の気持ちを尊重し、根気よく気持ちを聞いてあげると、安心して自分の気持ちを話すようになります。そうした安心感が、このタイプの人にはとても大事なのです。受動的だからといって、一方的にこちらの都合や考えを押しつけないようにすることです。

4 回避性パーソナリティタイプの人がもっと上手に付き合うには?

アプローチのしかた

自分をさらけ出す勇気を持とう

このタイプの人は、基本的に受動的です。自分から決断し、行動することが苦手です。自分で決めて行動すると、失敗するのではないかという思い込みも強く見られます。そのため、相手が好意を持ってくれていて自分も好きなのに、行動できないということも起こりがちです。もし嫌われたら、もし拒絶されたら、デートに行って、もし求めてこられたら、うまく相手を満足させられなかったら、といろいろ考えて、行動を抑えてしまうのです。

そうした行動パターンを続けてきた結果、自分で決断できなくなっている場合もあります。洋服や電気製品を選ぶのも、なかなか決められません。伴侶となる人を決められないのも当然です。日頃から、何事も自分で決め、自分で選ぶ習慣をもつことが大切です。

このタイプの人の恋愛では、付き合ってみたものの、相手のことが本当に好きなのかどうかわからない、付き合い続けたほうがいいのかどうかわからないという声がよく聞かれます。嫌いでもないが、さらに先の段階に進むべきどうか、決められないのです。背中を押してくれるのを待っているとも言えます。相手がリードしてくれる場合は、徐々に進展していきますが、どちらも同じように受動的なときには、なかなか進展しません。自分の気持ちに素直になり、自分の気持ちに耳を傾けることです。周囲の雑音や失敗するのではという恐れではなく、自分自身の心の声に耳を傾けることです。

恋愛というのは、自分をさらけ出す営みです。自分をさらけ出す勇気を出さないと、たとえ相手が手を差しのべようとしてくれていても、幸福にはたどり着けないし、何も始まりません。恥をかくことを恐れず、思い切って自分の気持ちを伝える勇気をもつことです。

面と向かうと、思うように話ができない回避性タイプの人には、手紙やメールの交換を通じて、気持ちを遣り取りし、お互いの理解を深めていくという方法が合っています。実際、このタイプの人では、そうした形で出会い、愛を育《はぐく》んだ人が多くいます。

幸せな関係を続けるために…

話さなければ相手には伝わらない

このタイプの人のパートナーとの関係を見ると、社交的で積極的なタイプやずっと年上のパートナーに、対外的な関わりや決断を任せているという場合も多々あります。パートナーのほうは、それを半ば当然のこととして受け入れ、半ば仕方なくやっています。

このタイプの人は、前面に立っては何も言いませんが、代理人役のパートナーに対しては、不満や文句を言うということが結構あります。つまり、内弁慶なのです。パートナーのほうとしては、自分が代理人役をやってあげているうえに貶《けな》されては、立つ瀬がないと感じます。また、何事にも消極的で、守りの姿勢が強いこのタイプの人は、パートナーからすると、物足りなく感じることもあります。

このタイプの人を守りたいという気持ちが強い間は、関係も保たれますが、パートナーのほうが、次第に重荷や足かせのように感じてしまうと、関係自体がつまらないものになってしまうのです。

愛情とは、本来対等なものですし、反応し呼応し合うことにこそ喜びがあります。働きかけても、乏しい反応しか返ってこないことが続くと、段々働きかける気持ちもなくなっていきます。ことに、相手が、常に愛情の証を求める不安型愛着の持ち主の場合には、強いフラストレーションを与え、関係の破綻《はたん》につながります。そうならないためにも、面倒《めんどう》事《ごと》から逃げてパートナー任せにせず、苦手なことにも自ら取り組むとともに、自分を表現し、自分の気持ちや考えを話す習慣を作っていくことが大事だと言えます。

5　注意すべき恋愛の落とし穴とは？

相手に任せっきりにしてしまわないように

このタイプの人は用心深く、慎重すぎるほど慎重に行動するほうなので、トラブルに巻き込まれる危険は多くはありません。その一方で、尻込《しりご》みしすぎて、せっかくのチャンスを活かせないという難点があります。

一番起こりがちなのは、肝心な問題から逃げてしまい、結婚や子どもをもつといったことに、一向に踏み切ろうとしないことです。相手は生殺《なまごろ》しのような状態に置かれてしまいます。恋人の関係をいつまでも続けていたいというケースも少なくありません。そうした特性を知らずに、結婚や子どものことを期待して待っていると、何年もの時間だけが過ぎ去ってしまうということもよくあります。自分のためにも、相手に迷惑をかけないためにも、決着をつける、つけさせる決断が必要でしょう。

また、初めのうちは非常に遠慮がちですが、馴れ合うにしたがって、隠れた依存性が顔を出してきます。パートナーが便利な代理人役を引き受けてしまうと、いっそう自分では何もしようとしなくなり、パートナーを手足のように勘違いし、頼り切ってしまうということも起こりえます。面倒事から逃げてしまい、パートナーに任せっきりにしたうえに、パートナーの苦情や泣き言を聞くのも煩わしがり、親身な反応を返さないということも少なくありません。パートナーのほうが、次第に嫌気がさしてしまう原因になります。

主体的な関わりをして初めて、自分の人生だと言えます。面倒事から逃げず、またパートナーも、何でも引き受けすぎないようにしましょう。目先のことだけでなく、将来を見据えた対応が必要なのです。

2. 依存性パーソナリティタイプ

——相手に合わせて尽くしてしまう

【自己診断チェック】以下の各項目について、よく当てはまる（◎）、当てはまる（○）、どちらとも言えない（△）、当てはまらない（×）のいずれかで答えてください。現時点だけでなく、過去数年間、あなたがどんなふうに感じ、行動していたかを振り返りながら、もっとも当てはまるものを選んでください。「どちらとも言えない」が多くなりすぎると、判定の感度が低下するのでご注意ください。

□些細《ささい》なことも、自分だけでは決められないほうだ。
□肝心なことや面倒なことは、人にやってもらうことが多い。
□頼まれると、イヤと言えず、つい応じてしまう。
□ものごとを自分で計画して、率先してやるよりも、人の後からついていくほうが性に合っている。
□相手によく思われようと、本当はやりたくないことまでやってしまうことがある。
□自分一人では、生きていく自信がない。
□恋人や友人と別れると、すぐ代わりの人を求めるほうだ。
□誰にでもいい顔をして、外面が良いところがある。
□良くないとわかっていても、相手が可哀想になって、つい甘くなってしまうことがある。
□人にサービスしたり、喜んでもらうことが好きである。

判定 ◎を2点、○を1点として計算し、6点以上の場合、このタイプの傾向が認められると言えます。

1 依存性パーソナリティタイプとは？

いつのまにか尽くしてしまう

日本女性にもともと多いタイプです。自己主張せずに、誰かに尽くすことで、自分の使命をはたそうとします。控えめで忍耐強い大和撫子《やまとなでしこ》の理想は、パーソナリティから言うと、まさにこのタイプだと言えるでしょう。依存性タイプというと、弱々しいものと誤解されがちですが、行動力や社交性の高い、やり手の人も多く、ただ誰にも頼らずに自分一人で生きていく自信はなく、誰か頼る人を必要とし、その人に尽くすことで、安定を得るタイプです。もちろん、女性だけでなく男性にも少なくありません。

優しく、思いやりがあり、困っている人を見ると放っておけないタイプだと言えば、もっとイメージしやすいでしょう。オスカー・ワイルドの『幸福の王子』という物語がありますが、自分がボロボロになっても、みんなの喜ぶ顔が見たくて、自分を捧げてしまうという心のあり方は、このタイプの特徴でもあります。

サービス精神旺盛なこのタイプの人は、一緒にいて心地よく、みんなから愛されます。実際、このタイプの人は、接客業や福祉分野、芸能といったサービス関係の仕事に適性があり、そうした分野で活躍している人も少なくありません。

顔色を見て合わせてしまう

このタイプの人は、人に嫌われることを極度に恐れ、相手の顔色を見て、機嫌《きげん》を損《そこ》ねないように合わせてしまいます。自分の気持ちよりも、相手が喜ぶかどうかを優先し、相手の喜ぶことが自分の気持ちになりやすいのです。そのため、ノーというのが苦手で、借金を頼まれたりしても、断ることができず、自分も困っているのに融通してあげたりします。

そうした習慣を繰り返した結果、自分の本当の気持ちがわからなくなったり、言えなくなったりしています。そのため、強い自己主張をもった人に支配されたり、迷惑ばかりかけられた相手との腐《くさ》れ縁を切れずに貢《みつ》ぎ続けたりということも、少なくありません。せっせと保険の外交員や水商売をして稼ぎ、その金を、ダメ亭主が湯水のごとくギャンブルや遊びに使っているというケースが典型です。セールスなどでうまくすすめられると、断るのが悪いような気がして、百万円を超える法外な契約をしてしまうという失敗も、このタイプには起こりがちです。カモになりやすいタイプだと言えるでしょう。

自分で決めるのが苦手で、誰かに決めてもらったり、相手と同じ物にしたりということも見られます。「同じでいい」「あなた決めて」というのが、よく使う言い回しです。「私のことならいいよ」とか「私はついていくだけだから」といった言い回しも特徴的です。

人当たりはいいのですが、優柔不断《ゆうじゅうふだん》で八方美人なところが、しばしば誤解やトラブルの原因になります。人が良すぎて、優しすぎるのが裏目に出てしまうのです。

2 どのような親から生まれどのように育ったか

依存性タイプの人が、人の顔色に敏感で、自分の考えや気持ちではなく、相手が機嫌を損なわないように合わせてしまうのには、子どもの頃の生育歴が関係しています。このタイプの人は、例外なく親に支配されて育った人です。親の支配には、二通りあります。

一つは、横暴で強圧的な親が、半《なか》ば力づくでその人を支配してきた場合です。アルコール依存症や人格的に未熟さがあり、不安定で、気まぐれで、家庭内暴力を繰り返すような親をもつケースに典型的なものです。こうした環境で育った人は、相手の顔色を見て、相手の機嫌を損ねないようにふるまうのが身についています。

もう一つのタイプは、一見とても良い親に育てられたと思っている場合で、親との仲も良く、反抗したことや逆らったこともないのが典型的です。良い子で、何でも親の言うとおりにしてきたというケースです。親子関係には何一つ問題がないように、親も子も思っていますが、そこには見えにくい問題がひそんでいます。このタイプの人もまた、親に知らず知らず強い心理的支配を受けています。そのため、自分で決断して何かをやろうとすると、とても不安になったり、自分だけ幸福になることに罪悪感を覚えてしまいます。

愛着スタイルとしては、顔色に敏感で、相手から嫌われていないかいつも気にしてしまう不安型がもっとも多いと言えます。愛着スタイルが比較的安定している場合は、奉仕的な特性を生かして、周囲から愛される存在として活躍することも少なくありません。不安定な愛着の度合いが強まると、バランスが悪くなり、過度な自己犠牲や情緒不安定なところがみられるようになり、後で述べる境界性の傾向を伴いやすくなります。

3 依存性パーソナリティタイプの人が落ちるとき

心が動く瞬間

頼りがいがあるのに弱さもある人に燃え上がる

依存性タイプの人が惹《ひ》かれる対象は、大きく二つに分かれます。一つは、自分をしっかり持った存在で、尊敬できる人や有無を言わせず自分を引っ張ってくれる存在です。そうした存在に頼ることで、自分を支えたいと思うのです。もう一つは、弱くて、自分がそばにいて支えてあげないと、今にもダメになってしまいそうな存在です。二つの嗜好《しこう》が、このタイプの心の中には同居しているのです。その意味で、両方の要素をもっている人に、一番弱いと言えます。ただ強く、傲慢なタイプも、弱々しいだけのタイプも、一時的に惹かれたとしても、一生をかけた恋愛にまでは至らず、不完全燃焼に終わるでしょう。しかし、この両方の要素をそなえた人に出会うと、このタイプの人の心は、何もかもかなぐり捨てるほど、激しく燃え上がります。

したがって、このタイプの人の心を奪おうと思うならば、まず、社会的地位や経済力、高い志や人間性、才能や業績において秀でる努力をしなければなりません。同時に、相手に対して保護者のような許容力や懐《ふところ》の深さを見せ、小さなことには関知しないような度量の大きさを演出しなければなりません。「困ったことがあったら、いつでも相談して」「いつでも力になるよ」といったさりげない一言は、このタイプの人の、大きな存在に守られたい、強い人に寄りかかりたいという気持ちをくすぐります。さらに、さりげなく人間的な弱さや悩みの部分、最近起きた悲しい出来事といったことを語って、ただ強いだけの人間ではないことをアピールしましょう。それによって、心のうちに弱さを抱えた依存性タイプの人は、親近感を覚えると同時に、心が通じる人だと思ってくれます。

そうした種を撒《ま》いておいて、向こうから頼ってきたり、相談をもちかけてくるというのが、よくあるパターンで、ほぼ間違いなく、恋愛の方向に発展するものです。

依存性タイプの人は、絶えず伴侶を必要としているので、恋人と別れて、次の恋人が見つかるまでの間は、触れなば落ちんという状態だとも言えます。しかし、露骨に言い寄ろうとしたりすれば、たとえ欲望を遂げることができたとしても、心から尊敬できないという思いが生じてしまい、心のどこかで幻滅させてしまいます。それは、幸福で素敵な恋愛とは呼びがたいものです。相手を大切にするというスタンスをもつことができたかどうかが、その後の恋愛の道行きをも左右します。恋愛は、美しく、必然性をもったドラマでなければなりません。見え見えで強引な筋書しか描けない人は、心から愛してはもらえないのです。

愛が深まるコツ

釣った魚にも餌を

依存性タイプの人と幸福な関係を発展させていくのに大切なことは、都合良く甘えすぎないということでしょう。このタイプの人の優しさや献身を、見返りも与えずに利用してはいけません。自分からは、滅多に求めてくることはありませんが、気持ちを汲《く》んで、優しさやいたわりを返すことが、いっそう愛情を深め、あなたのために尽くしてくれることにつながるでしょう。「釣《つ》った魚に餌《えさ》を与えない」という流儀でも、このタイプの人は耐えようとするでしょうが、それにも限度があります。失って初めて、自分がどれほど心地よく支えられていたかに気づくことになるでしょう。

4 依存性パーソナリティタイプの人がもっと上手に付き合うには？

アプローチのしかた

押しの強い相手には厳しい目で接しよう

依存性タイプの人は、断るのが苦手で、押しの強い相手を受け入れてしまいがちです。冷静に考えれば、あなたにとって不利益しかもたらさないような人に対しても、あなたは気配りをし、顔色を見て、怒らせないようにふるまいがちです。そして、一旦受け入れてしまったら最後、あなたは相手がろくでもない人間であっても、自分を愛してくれる存在だと錯覚してしまうのです。

断れないということが、このタイプの人の人生を狂わせる最大の原因です。何十年も尽くしたところで、それが報われない相手であれば、あなたの一生は無駄になってしまいます。そうならないためにも、出会いに用心すべきです。それも、あなたが心から望んで選んだことならば諦めもつくでしょう。しかし、あなたが、本当の気持ちからではなく、相手の気持ちに合わせて、仕方なく応じた結果だとしたら、悔いても悔い切れないでしょう。このタイプの人にとって必要なのは、情に負けず、厳しい目で相手を選《よ》り分けることです。

幸せな関係を続けるために…

自己主張を心がけるくらいでちょうどいい

よく気がつき、相手の気持ちを汲み取るのが上手なあなたは、伴侶にとって癒しのオアシスのような存在です。ただ、あなたは尽くすことに喜びを感じ、相手の喜ぶ顔見たさに、自分の気持ちを後回しにしがちです。

しかし、恋愛の幸福は、お互いがどちらも同じくらい相手を満たし合うことによって、本来の幸福が得られます。あなたのほうが我慢ばかりして、自分の本心や本当にやりたいことを犠牲にしていたら、そのツケはいつか回ってきます。あなたは、それ以上尽くし続けることができなくなり、心のバランスを崩してしまうか、そこから逃げ出して、他に自分の救いを見つけないと、自分が保てないところまで行き着いてしまうでしょう。そうならないうちに、日頃から、自分の気持ちや主張もするようにし、何でも相手任せにせずに、フィフティフィフティの関係を築いていくように心がけましょう。

そうは言っても、相手に合わせるのがうまいあなたは、相手との輪を乱してまで自分を押し通すような真似はしないでしょう。少し自己主張を心がけるくらいが、受動的すぎるあなたに歯ごたえを与え、いっそうあなたの魅力を増すことにつながるのです。

5 注意すべき恋愛の落とし穴とは？

自分勝手な相手に貪りつくされないように

依存性タイプの人は、困っている人を見ると放っておけません。つい相談に乗ったり、援助をしたり、人のために一肌脱ぐことも少なくありません。そんななかで、ときには、伴侶に内緒で、お金を融通したりして、借金を作ってしまうということもあります。

また、十分に愛情や関心を与えられていないと、その寂しさを紛らそうとパートナー以外に救いを求めて、倫《みち》ならぬ関係に陥ったり宗教にのめり込んだりといったことも起こりがちです。アルコールや買い物依存になることもあります。仕事にのめり込んで、家庭がおろそかになる場合もあります。自分に果たすべき役割がないと感じると、空虚な思いにとらわれがちで、子育てが終わったときの、空《から》の巣《す》症候群にもなりやすいのです。

依存性タイプの人は、困ったことがあっても本心を言わず、心配をかけないように自分で抱え込んでしまうことがあるので、このタイプの我慢強さを当てにして、ほったらかしにしないように気を配る必要があります。自分からはあまり主張しませんが、このタイプの人は、寂しさや愛情不足を感じやすいということを忘れないでおきたいものです。

悪い男に騙され、貢いでしまうというのも、このタイプに起こりがちなことです。ときには、犯罪や売春までして、お金を貢いでしまうこともあります。依存性タイプの人は、相手を立て、相手の気持ちに添うためになら、自分を犠牲にするだけでなく、相手にとって本当は良くないことまで許してしまうところがあります。飲んだくれの夫や浪費家の妻の欲求を満たすために、せっせと働いたお金を差し出し続けるという関係は珍しくありません。愛情を与えている気になっているのですが、それは愛情でも何でもなく、ただの弱さです。不機嫌な顔をされるのが厭で、言うべき事も言えず、ほしがる物を与えてごまかしているだけなのです。それでは、お互いが不幸になるだけです。いけないことはいけないと言い、それでも聞いてもらえなければ、覚悟を決めて縁を切るくらいの強さが必要です。

人間はもっと自分のために生きていいのです。人に利用され、自分の働きの代償を、誰かに差し出す必要などまったくありません。それを愛情と錯覚しないことです。本当の愛情は、お互いが自立して、対等な立場でお互いを思いやり、大切にすることです。対等でもなく、あなたのことが大切にもされていない時点で、それは単なる心理的支配に過ぎず、愛情ではありません。

依存性タイプの人は、心理的支配やマインドコントロールを非常に受けやすく、それで、人生を台なしにされてしまうこともあります。不幸な恋愛は、質《たち》の悪い心理的支配です。それを愛情と勘違いしないことが大切です。

3. 強迫性パーソナリティタイプ

——義務と責任に縛られる

【自己診断チェック】各項目について、よく当てはまる（◎）、当てはまる（○）、どちらとも言えない（△）、当てはまらない（×）のいずれかをチェックしてください。現時点だけでなく、過去数年間、あなたがどんなふうに感じ、行動していたかを振り返りながら、もっとも当てはまるものを選んでください。「どちらとも言えない」が多くなりすぎると、判定の感度が低下するのでご注意ください。

□細かいところにこだわりすぎてしまう。
□完璧にやろうとして、時間が足りなくなってしまうことがよくある。
□仕事や勉強に打ち込むあまり、娯楽や人付き合いは二の次になりがちだ。
□不正やいい加減なことに対しては、許せないほうだ。
□役に立たないとわかっていても、捨てるのは苦手である。
□自分の言う通りにしない人とは、うまくやっていけない。
□お金はなるべく節約して、将来のために貯金している。
□頑固で妥協ができないところがある。
□損得よりも、義理や責任、体面を重んじる。
□礼儀正しく、堅苦しいところがある。

判定　◎を2点、○を1点として計算し、6点以上の場合、このタイプの傾向が認められると言えます。

1 強迫性パーソナリティタイプとは？

真面目で責任感が強くルール違反はゆるせない

強迫性タイプは、決まりや秩序を重んじ、同じことを続けることにこだわるタイプです。自分の気持ちや感情よりも、決まった通りに行動しているかどうかが重要視されます。融通が利かず、規則や計画をその通りに実行しようとするところがあります。礼儀といった形式的なことにもこだわりが強く、世間体や体面を重んじますが、それ以上に、義理や筋というものを重視します。筋が通っていないことを嫌い、本音よりも建て前を重んじる傾向が強いと言えます。そのため、真面目すぎて、堅苦しい印象を与えやすいところがあります。

このタイプの人は、勤勉な努力家が多く、コツコツと地道に単調な努力を続けることができます。義務感や責任感が強いのも大きな特徴です。何ごとも「したい」という自分の気持ちより、「すべきだ」という義務感から行動します。自分に不当に負担がかかりすぎているときも、「するしかない」と無理をしてしまうところもあります。うまくいないと、「努力が足りない」「自分のせいだ」と、自分を責めがちです。

2 どのような親から生まれどのように育ったか

このような強迫性タイプのパーソナリティは、遺伝的な気質もありますが、養育の影響もあり、倫理観の強い親や厳しい親に支配され、道徳的で、世間体を重んじる家庭に育った人に多いものです。多くが子どもの頃から、親のいいつけをよく聞く、真面目な「よい子」だった人です。しかし、なかには、小さい頃は、ヤンチャ坊主で叱られてばかりだったのに、思春期以降落ち着くと同時に、まるで正反対に真面目な常識家になるという場合もあります。

愛着スタイルは、比較的安定している人が多いのですが、なかには回避型や不安型が強い人もいます。安定型の人は、律儀で責任感の強い面を生かし、人間関係も安定し、手堅く成功を掴《つか》みやすいと言えます。回避型愛着の人は、他人のペースにはわれ関せずで、自分のペースや基準を押し通そうとするので摩擦が生じやすく孤立しやすい傾向がありまず。不安型が強いと、周囲に合わせすぎたり過度に責任を引き受けすぎるため、過労や心身症、うつなどの危険が高まります。恐れ・回避型や未解決型があると、人を信じられず、後述の妄想性の傾向を伴いやすくなります。

3 強迫性パーソナリティタイプの人が落ちるとき

心が動く瞬間

相手に頼られることに弱い

強迫性タイプの人は、律義で、真面目で、建前《たてまえ》を重んじます。本音を気軽に言い合うということは苦手です。したがって、あまりにも生の感情や本音で迫るのは、ときにはうまくいくこともありますが、逆に非常識な人間だとみなされ、警戒されてしまう危険も高いのです。そうした手段を用いるにしろ、もう少し後になってからのほうがより効果的でしょう。まず常識的な態度で、相手を安心させるところからアプローチするのが無難《ぶなん》です。

礼儀正しさや言葉遣い、些細な約束をきちんと守る、過激な言葉遣いや非常識な態度は避けるといったことに気をつけて、好印象をもってもらうのが賢明です。この段階で、非常識で、不謹慎な人だと見なされると、それだけで、「問題外」という烙印を押されてしまいます。このタイプの人は、どちらかというと伝統的な形式美や道徳観を重んじるので、まず、そうしたきちんとした人物としてふるまうことが第一でしょう。

ある程度の信頼を得たうえで、筋道だった仕方で接近をはかる必要があります。このタイプの人は、筋が通っているかどうか、世間に恥じない建前が備わっているかどうかということを気にします。気軽にお茶やデートに誘おうとしても、そこにちゃんとした理由がないと、身に備わった道徳観が、尻込みをさせてしまうのです。したがって、このタイプの人が応じやすいような、応じざるを得ないような理由を、建前としてきちんと用意する必要があります。

その場合、活用度の高い方法としては二つあります。一つは、仕事に関連することやスポーツ、趣味などについて教えてほしいとお願いすることです。律義なこのタイプの人は、筋の通った頼み事であれば、一肌脱がねばならないと考えます。ことに、このタイプでは「教え魔」の人が少なくありません。人に教えたり指導したりすることに、とても喜びを感じるのです。しかも、教えるという大義名分があるため、恋愛感情といったものを忘れて、夢中に取り組めます。手取り足取り教えてもらうことは、絶好の恋愛の入口です。意識しないうちに、親密さは増し、教え子に対して特別な感情をもつようになることは、よくある成り行きです。

もう一つの方法は、相談をすることです。このタイプの人は責任感、義務感が強く、困っている人がいれば、助けるべきだという意識の人が多いのです。相談するという形で、自分の弱みをさらけ出してくる人に対して同情心をもち、最初は、義務的な気持ちから支えになろうとするわけですが、その生真面目さゆえに、応援する気持ちが愛情に変わることは、ありがちなことです。

ただし、本当に教えてもらう気もないのに、本当には困ってもいないのに、ただ相手を誘い出すために、とってつけたような話を持ち出すのは、失敗の元です。このタイプの人は、ウソや作り事に対してとても厳しい目を向けます。自分が担《かつ》がれたのではないかと思うと、相手に対して幻滅し、もうまともに相手にしてもらえないことになりかねません。

このタイプに接するには、誠意が大事だということを忘れてはいけません。

さらに、もう一つの方法として、率直に思いを手紙などで訴えるというやり方も、このタイプには有効なことがあります。ウソやごまかしは嫌いなぶん、逆に率直に自分の気持ちを語られると、心を動かしやすいのです。文面に礼儀上の配慮や誠実さ、真心が表れている必要があります。柔道の金メダリスト、山下泰裕さんが、手紙で交際を申し込んだ一ファンの女性と結婚したのは、有名な話。いかにも真面目で責任感の強い山下さんは、このタイプの人だと言えるでしょう。

愛が深まるコツ

変わらないという価値観を尊重する

強迫性タイプの人は、秩序や形式をとても重んじます。決まり事や伝統的な慣習を大事にする人が多いのです。また、このタイプの人にとって、気持ちや損得以上に、筋が通っているか、世間に恥じないものであるかといったことが重要です。そうした点を十分理解して接しないと、価値観の部分で、大きなズレを起こすことになります。

親には孝行、目上の人には礼儀正しくといった道徳的な感情が強く、実際、親を大切にし、社会ルールを守って善良に暮らしている人が多いのです。自分の義務や責任感も、潔癖なほど強い人が多く、周囲にも同じことを期待しがちです。そうした点において、とても頑固で融通が利かないところもあります。もしあなたが、性格的にアバウトで、自分の気持ちの満足や合理的な損得を優先しがちな人だとすると、このタイプの人との間には、しばしば意見の対立が起きるかもしれません。このタイプの人の価値観を尊重しながら、徐々に柔軟な方向に修正していくのがよいでしょう。

また、強迫性タイプの人は生活習慣であれ、行動パターンであれ、所持品であれ、同じであることに執着し、それを変えられることを嫌がる傾向があります。同じものを大切にしようとする傾向は、融通の利かなさや変化を受け入れない頑迷さという面もありますが、逆に言えば、日々の繰り返しを大切にし、パートナーであるあなたのことを末永く愛してくれるということでもあります。このタイプの人は、物であれ人であれ、「捨てられない」のです。自分が慣れ親しんだものを心から大切に思う。そうした点を理解して接すると、二人の関係はスムーズに行き、いっそう愛が深まるでしょう。

4 強迫性パーソナリティタイプの人がもっと上手に付き合うには？

アプローチのしかた

一緒に勉強したりイベントに参加して誠実さをアピール！

強迫性タイプの人は、恋愛においても生真面目で、自己抑制的になりがちです。始まりはぎこちなく、好意を抱いていても、それをうまく伝えることがなかなかできません。このタイプの人の魅力は、気の利いた愛の言葉を巧みに囁《ささや》くことではなく、自分の仕事に打ち込む真剣な姿でしょう。自分らしくないアプローチを行っても、それは似合わないし、相手にも通じません。まず、自分のやるべきことを頑張るという姿勢が、よい出会いにもつながります。

仕事やイベントといったことで本領を発揮できるこのタイプの人は、共に何かに取り組むという関係のなかで、伴侶とすべき人に巡り会うのが、もっともふさわしい出会いでしょう。活動を共にする場に積極的に参加し、持ち味を発揮することです。先にも述べましたが、教えたり、共に学ぶという場に引き込むのは、一つの王道です。その場合も、自分と相手が向き合う関係ではなく、並列的な関係で一緒に何かに関わるというのが、スムーズにいくポイントです。

「よかったら、お教えしましょうか？」「勉強会をするので、参加しませんか？」「今度、こういうイベントがあるんですけど、興味ありませんか？」といったアプローチは、相手の反応を見るのにも有効です。それに応じてくれれば、あなたに対して、ある程度、好感をもってくれているということであり、応じなかったとしても、別に後腐れはありません。

関わりをもつことに成功しても、そこで浮き足立たず、あなたらしい誠実さと日々取り組んでいることへの熱意をしっかり示すことです。ほどよいユーモアは大事ですが、相手にアピールしようと、変に軟派《なんぱ》を演じようとしたり、自信満々に振る舞ったり、いつもはしないようなことをしようとするのではなく、誠実に真面目に接することです。なぜなら、もし相手が、あなたに惹かれているとしたら、あなたの誠実な面にであり、あなたらしくない振舞をすることは、相手を幻滅させるだけだからです。そして、何よりも大切なのは、相手に対する思いやりです。自分の話を一つしたら、相手にも水を向けるということを心がけ、良い聞き手になりましょう。そして、相手の良いところをさりげなく言ってあげると、親近感と信頼が増すことでしょう。

このタイプの人は、口はさほどうまくありませんが、その誠実な言葉が、重みと説得力をもちます。節目となるタイミングで、きちんと向かい合って、自分の気持ちを告げると、相手に強い印象を与え、相手の心を動かします。「あなたのことをもっと知りたい。ときどき会ってくれますか？」「あなたのことを真剣に思っています。付き合ってくれますか？」「この頃、仕事をしていても、あなたのことを考えます。ずっとそばにいてくれたらと思う。一緒の人生を歩んでくれませんか？」と正面から直球を投げ込むとき、このタイプの人は一番真価を発揮できるでしょう。

幸せな関係を続けるために…

一方的に押し付けると愛は逃げていきます

強迫性タイプの人は、自分のスタイルややり方、価値観と言ったものを絶対のものとみなして、周囲にも同じことを期待し、いつのまにか押し付けてしまいがちです。そのため、このタイプの人の愛情関係は、一方が相手を支配し、管理し、仕える上下の関係になりやすいのです。しかし、本来の愛情とは、対等に相手を尊重し合う関係です。強迫性タイプの人の愛は、相手にとって不自由な縛《しば》りのように感じられてしまいます。窮屈で堪《たま》らなくなり、相手が、ついには逃げ出してしまうことにもなりかねません。自分と同じ基準を相手にも求めすぎないように気をつけたいものです。人それぞれの価値観や流儀を尊重することもまた愛情なのです。

せっせと義務を果たそうとして、一方的に負担ばかりが増えることも、本当の幸福にはつながりません。もしそうなっている場合には、仕方ないと諦めてしまわずに、パートナーにも相応の努力と貢献を求めていく必要があります。

5 注意すべき恋愛の落とし穴とは？

筋が通らないことにこだわってしまう

このタイプの人は、変わらないものへの執着が強く、逆に言うと、環境の急激な変化に対して敏感なところがあります。引越しや配置転換に際して、うつになりやすいのは、このタイプの人です。元々このタイプの人は、忍耐強く、弱音を吐いたり愚痴をこぼしたりも滅多にありません。それだけに、いつのまにかストレスをためて、心身の病気にもなりやすいのです。高血圧や狭心症、胃潰瘍などの心身症や、うつ病にかかりやすい傾向が見られます。日頃から、ストレス管理に気をつけ、責任や義務に縛られすぎて、一人で何もかも背負い込まないように気をつけたいものです。

恋愛や愛情生活においても、このタイプの律義さに、相手は甘えてしまうことがあります。そうなると恋愛は対等な関係でなくなり、いくら義務感の強い、まめで働き者のこのタイプの人も、相手が次第に重荷になり、信頼感や愛情をなくし、二人の関係は破綻に向かいかねません。このタイプの人の誠実で持続的な愛情は、慣れっこになると当たり前のように受け取られがちですが、失って初めて、そのありがたさが身に染みるものです。しかし、そうなったときは、もう手遅れなのです。

執着性が高く、筋を通すことに何よりも重きをおくこのタイプでは、本人のなかで筋の通らないことをされたという気持ちをもつと、そのことに強くこだわり、執念深くとらわれ続けることもあります。元来、常識的で平和的なのですが、不当なことをされた、体面を傷つけられたという思いが強いと、激しい行動にでることもあります。行動が計画的で、徹底しているだけに、危険な場合もあります。無理心中をしたり、ふだんは真面目な人が、突発的な傷害行為にでるという場合、このタイプの人が追い詰められた挙げ句の行動である場合があります。

筋を通してきちんと説明し、本人の体面を潰すことなく、誠意を持って問題解決に当たることが大事でしょう。誠意を感じれば、元々正義感の強いタイプなので、理性を取り戻し、納得することが多いものです。不安定な愛着スタイルを伴っている場合は、いっそう注意深い対応が必要です。

4.自己愛性パーソナリティタイプ
――自分が主役じゃないと面白くない

【自己診断チェック】各項目について、よく当てはまる(◎)、当てはまる(○)、どちらとも言えない(△)、当てはまらない(×)のいずれかをチェックしてください。現時点だけでなく、過去数年間、あなたがどんなふうに感じ、行動していたかを振り返りながら、もっとも当てはまるものを選んでください。「どちらとも言えない」が多くなりすぎると、判定の感度が低下するのでご注意ください。

□自分には、世間の人が気づいていない才能や優れた点があると思う。
□大成功をして有名になったり、理想の恋人と出会うことを夢見ている。
□自分は人とは違ったところがあり、特別な人間だと思う。
□周囲から賞賛されることが大好きで、批判されると憤慨する。
□多少の無理でも、自分の望むことは、大抵聞いてもらえることが多かった。
□ほしいものを手に入れるためなら、他の人を利用したり、うまく言いくるめるくらいの自信はある。
□自分勝手で思いやりがないところがある。
□友人や知り合いの幸せを見ると、内心妬ましくなることがある。
□態度が大きいとか、プライドが高いと思われている。
□利用価値のないものには、冷淡である。

判定 ◎を2点、○を1点として計算し、6点以上の場合、このタイプの傾向が認められると言えます。

1 自己愛性パーソナリティタイプとは？

ホメられることが大好きな自信家タイプ

最初の印象は魅力的で、自信に溢れたタイプです。口も達者で、能力もあるので、とても立派な人に感じられます。実際、やり手の人が多いと言えます。しかし、このタイプの人の厭な側面は、親しくなり、身近で付き合ううちに、次第に正体を露します。

カモフラージュするかどうかはともかく、自分は特別な存在だという気持ちがあり、傲《ごう》慢《まん》で、他人を見下したような態度をとるのが特徴です。他者の気持ちや痛みに対しては無頓着で、周囲の者は自分のために尽くすのが当然くらいに考えています。自分の利益や都合のためなら、相手が少々迷惑することもお構いなしです。親しくなるにつれ、態度は図々しさを増し、厚かましく、自分の思い通りにしようと、自分勝手な要求をしてきます。相手の都合や気持ちなどは、ほとんど眼中になく、自分のことしか見えません。自分が主人公で、自分を中心に世界が回っているタイプだと言えるでしょう。

子どものように自慢が好きで、注目が自分に集まっていないと機嫌が悪くなります。賞賛されることが好きで、自分が特別な才能や能力をもった存在だと思っています。逆に貶《けな》されると、激しい怒りを覚え、逆ギレしやすいという特徴もあります。うまくいかないことがあると、自分に原因があっても反省することはなく、誰かのせいだと責任転嫁をして怒りを爆発させます。共感性が乏しく、困っている相手でも、利用価値がないと思うと冷酷に切り捨てます。

このタイプの人の口癖として多いのは、「私を怒らせないで」「自分ならもっとうまくできる」「○○が、△△なんかするからだ」「誰に向かって言っているんだ」といったものです。人の悪口や非難を口にすることが多いのも、このタイプの一つの特徴です。

同じこのタイプの人でも、恋愛や性的活動の活発さは、二つに大きく分かれます。一つは、非常に活発なタイプで、男性に多くみられます。その典型は、男根ナルシズムと呼ばれるもので、このタイプの人は、女性を征服することで自分の価値を確かめようとします。征服してしまった女性には、みるみる関心をなくし、また新たな獲物《えもの》を征服したいという思いを持ち、際限のない猟色にのめり込むことも少なくありません。

もう一つは、十分魅力を備えているにもかかわらず、異性との関わりが、意外に乏しいタイプです。理想が高すぎて、現実に出会う相手がどれも役不足に思え、結局、恋愛らしい恋愛をしないまま、婚期を過ぎてしまうという場合もあります。高学歴だったり、音楽や芸術方面で特別な才能をもっていたりすると、プライドが邪魔して、出会いを妨げてしまうこともあります。本音では相手を求めていても、自分から下手に出ると負けのようなざけるような態度をとったり、相手を傷つけるようなことを言ったりすることもあります。
気がして、素直に振る舞えないのです。心とはあべこべに、居丈高《いたけだか》に振る舞い、相手をあ

2 どのような親から生まれどのように育ったか

自己愛性タイプの人は、過剰なほどの自信があり、それなりに能力にも恵まれているので、実際に社会で活躍している人が少なくありません。辣腕《らつわん》をふるい、業績を上げて、高い地位を占め、成功を博していることも多いものです。その一方で、自信ばかりが肥大し、社会的スキルや能力が伴わない場合には、強い不満を溜め、家庭の中で家族やパートナーを支配して、〝帝王〟や〝女王〟のように君臨しているケースもあります。

幼い頃から過保護に育てられ、何でも思い通りになって、躓《つまず》きを知らずに過ごしてきた場合と、幼い頃は可愛がられたが、途中から関心や愛情を奪われたり、挫折を味わったりして、それを補うために歪《いびつ》な自己愛を肥大させたケースがあります。後者が、むしろ多いでしょう。そのため、過剰な自信と劣等感や寂しさが同居していることが少なくありません。

このタイプには、嫉妬心が強いという特徴もみられます。自分より優れたものや幸福なものが許せないのです。身近な人の幸せも、心から喜ぶというより妬みを覚えてしまう。配偶者やわが子の幸福にさえ、嫉妬することもあります。自分に回ってくるべき幸せを、

取られたように思ってしまうのです。悪口が多いのも、強い嫉妬心と関係しています。

自分の思い通りになる存在には優しい一方で、自分になびかない、自分を認めようとしない相手には、徹底的に攻撃を加えようとしがちです。贔屓《ひいき》や不公平、意地悪も、このタイプの人で見られやすいものです。

愛着スタイルは、安定型から不安定型まで幅広くみられます。安定型の人では、自信や大きな野心、押しの強さを生かして成功することも少なくありません。愛情生活も、幸福に恵まれやすいと言えます。不安定な要素が強まるにつれ、このタイプの悪い部分が強く出やすくなり、不安型の要素が強いと、賞賛への欲求も度を越しやすく、些細なことに傷ついたり、要求がましくなり、愛情生活もぎすぎすしがちです。回避型が強いと、他者に対する共感が乏しくなり、無関心さや冷酷さが強まりやすくなります。

3 自己愛性パーソナリティタイプの人が落ちるとき

心が動く瞬間

このタイプの男性は母親のような大らかさに弱い

このタイプの男性が愛するタイプの女性には二通りあります。一つは、征服欲を満たすための相手で、美しく、気位も高く、それ以外の面でも、征服欲を刺激するような要素を備えている女性です。たとえば、家柄が名門であるとか、実家が金持ちであるとか、いい大学を出て、一流企業に勤めているとか、スチュワーデスやモデルや花形の専門職として活躍しているといったことです。

しかし、一旦、征服してしまえば、すぐに刺激を失ってしまいます。相手のほうにしても同じで、このタイプの人の思いやりのなさや自分勝手なところに、やがて愛想が尽きてしまい、長続きしないことが多いのです。

むしろ、長続きするのは、もう一つのタイプの女性とです。それは、このタイプの人をどんなときも賞賛し続け、母親のようにすべてを肯定し、わが子のように愛する女性です。このタイプの男性は、飾り物の女性と、その膝で子どものように甘えることができる女性の二つをほしがります。そして、最後に頼っていくのは、後者の女性のところです。

このタイプの男性は、マザコンであることも多く、母親にだけは頭が上がらず、大人になっても世話を焼いてもらっているといった状況が見られることもあります。そうなると、妻となる女性は、実に不甲斐ない思いをさせられることになるので、そのあたりも、よく見極める必要があるでしょう。

このタイプの人に愛されたいと思えば、その人の素晴らしさを讃え、賞賛するだけでなく、その人が弱さを見せられるような存在になることです。母親のように大きく包むような存在です。そのためには、何よりも聞き上手でなければなりません。対等に自分の意見を言おうと思うと失敗します。このタイプの人にとって、自分の話すことを聞いて、賞賛してくれさえすれば、それが最高の聞き手なのです。よかれと思って、こうしたほうがいいなどと意見を述べたりすると、水を差されたように感じて、気持ちが下がってしまいます。相手の考えなど、聞きたいとは思っていないのです。もちろん、なかには器が大きい人物もいて、意見を言ってくれるくらい歯ごたえのある相手を、真のパートナーとみなす人もいますが、多くの自己愛性タイプは、そこまで器が大きくないのが現実で、アドバイスをすると、ケチを付けられたように思ってしまい、機嫌が悪くなるのが関の山です。

自己愛性の男性は、征服欲を満たしてしまうと、征服した相手を奴隷のようにみなしがちです。簡単に征服できればできるほど、その価値は下がってしまいます。あなたが、相手にとって特別な存在でありたいのなら、易々《やすやす》と思い通りにならずに、じらすことも重要な戦術です。このタイプの人の表面的なカッコ良さや強引さに負けて、相手の思い通りにならないことです。

自己愛性タイプの男性には、男根ナルシズムタイプの男性ばかりではなく、他のタイプもみられます。一つは、エリートタイプの権力志向的な男性であり、もう一つは、芸術家志向の人に多く見られるホモセクシャルなタイプの男性です。エリートタイプの男性は、すでに述べたことが基本的に当てはまりますが、ホモセクシャルな傾向をもった男性の場合は、話が違ってきます。妻とはほとんど夫婦関係もなく、母親的な役割さえ求められず、世間体のための完全なお飾りであるケースがほとんどです。エリートタイプにも当てはまることですが、本人の世話は、実母が焼いているというケースもよくあります。

このタイプの女性は飾らない無防備さに弱い

一方、自己愛性タイプの女性は、だいぶ行動パターンが異なってきます。自己愛性の男性のように、性愛に溺れるということは稀です。プライドも理想も高く、才色兼備の人も少なくないのですが、潔癖なまでの理想の高さから、むしろ、男性との関係から遠ざかってしまい、仕事に自分を発揮することで紛らわしているというケースが少なくありません。自己愛性タイプの女性にはどこか男性的なところがあり、男性に性的に支配されるということにも強い抵抗があるうえに、対等以上の関係を求めようとするので、男性の生理的欲求に合わせて相手を受容しなければならない男女関係を維持していくことは、何かと面倒な部分が多いのです。

うまく両立するためには、女性のほうを中心に、すべてを合わせてくれるようなパートナーに出会うことです。保護者的な男性か、逆に自分がすべてを支配できる、ずっと年下の男性などとの関係が、案外うまくいきやすいのです。ただ、後者のケースでは、ペットのように飼われている若者が、主体的な意思を持ち始めたとき、破綻する運命にあります。

『春琴抄《しゅんきんしょう》』という谷崎潤一郎の小説がありますが、春琴に身も心も捧げて仕えた佐助は、春琴の顔が大やけどで醜い傷痕を負ったとき、自ら目を潰して、その顔を見ないようにし、生涯、春琴に連れ添いました。自己愛性タイプの女性が願望するのは、この佐助のような献身なのかもしれませんが、実際には、春琴が年を取って魅力を失えば、佐助は他の女に気を移してしまうのが現実です。

自己愛性タイプの女性は、見かけの高慢そうな顔つきほどは満たされていません。見下すような雰囲気に、大抵の男は尻込みして、声をかけることさえできないのです。才色兼備の女性が、学歴も容姿も身長も収入もない男性の手に落ちるというケースに時々出会います。そうしたケースに共通するのは、飾らないタイプの男性だということです。それが、女性のガードを解き、心が満たされていなかった部分に、うまく入り込んだのでしょう。

自己愛性タイプの女性の理想に叶う存在になることは至難の業です。このタイプの女性の心を射止める現実的な手段は、むしろ、カッコ良く見せて魅力を競うことではなく、自分のカッコ悪さをさらけだし、丸腰の無防備さを見せることです。いつも最高の自分しか相手に見せられない自己愛性タイプの人にとっては、そんなふうにできることは、むしろ衝撃であり、新鮮な驚きなのです。それゆえに、そんなふうにできる相手に敬意と安心感を覚えます。そうなり始めると、それが滅多にない体験であるため、容易に深い関係にまで至るのです。

愛が深まるコツ

もっと褒めてもらいたい、甘えさせてほしい

自己愛性タイプの人と幸福な関係を築いていくには、このタイプの人の賞賛されたいという欲求を満たすと同時に、パートナーにだけは弱さも見せて、ありのままでいられ、何でも頼ってこられる関係になることが理想的です。賞賛と甘えという二つの欲求が満足されると、このタイプの人は自信とエネルギーに満ちて、どんどん力を発揮できるのです。

このタイプの人は、自分が主役でないと本領が発揮できないので、パートナーは名脇役に徹することが求められます。自分も主役になりたいという思いがあると、どうしてもすれ違いが起こりがちです。しかし、パートナーも自己実現を図っていく必要があります。パートナーだって、ときには主役になりたいこともあります。この辺りのバランスを、どうとるのかが一つのポイントです。

日本画家の平山郁夫《いくお》氏と同じ芸大出身の美智子夫人が結婚したとき、夫人は、芸大を首席で卒業し、その才能を嘱望《しょくぼう》されていたにもかかわらず、絵の道をきっぱり諦めて、平山氏の妻として、サポート役に徹する決心をしました。しかし、こうした選択は、今の時代にはそぐわないかもしれません。ではどんなバランスの取り方が可能でしょうか。女流作家の高樹のぶ子さんは、主婦としてサラリーマンの夫を送り出すと、原稿に向かったと

言います。お互い顔を合わさない時間は、自分の仕事に没頭し、顔を合わせている時間は、お互いのために使うというのは、一つのメリハリの付け方でしょう。

4 自己愛性パーソナリティタイプの人がもっと上手に付き合うには？

アプローチのしかた

プライドを捨てて素直になろう

プライドも理想も高いこのタイプの人は、案外、よい出会いを逃してしまいがちです。相手が自分にとって本当にふさわしいか、相手のことを本当に大切に思っているかということよりも、自分の魅力や能力を誇示するために、相手を自分のものにしようとしたり、外面的な基準で相手を選んでしまいやすいのです。プライドが邪魔して、好意を素直に打ち明けられず、わざと尊大に振る舞って相手に恐れられたり嫌われてしまったりすることさえあります。好きな子に意地悪をしてしまうという心理が、しばしば当てはまるのです。『風と共に去りぬ』のヒロイン、スカーレット・オハラは、本当は愛していたアシュレーに、素直な気持ちを打ち明けることができず、彼の気を惹こうとして、魅力的だが、危ない雰囲気のレット・バトラーに接近したため、アシュレーはスカーレットではなく、スカーレットの親友と結ばれてしまいます。不本意にも、レット・バトラーと結婚したスカーレットは、苦難の人生を歩むことになるのです。

自分のほうが優位に立っていないと厭な自己愛性タイプの人は、本当は好きな相手に、素っ気なく接してしまったりします。相手は、嫌われていると思って、自ら身を引いてしまいます。そうならないためには、策を弄《ろう》せずに、気持ちに素直に行動することが大事でしょう。そこでプライドの高さをかなぐり捨てられるかどうかが、勝負の分かれ目です。

幸せな関係を続けるために…

感謝と思いやりというお返しを忘れないように

自己愛性タイプの人は自分が主役でないと面白くありません。このタイプの人が幸福な関係を築いていくためには、自分の優れた点をよく理解してくれる人を伴侶に選ぶことが肝心です。学歴や容姿や経済力といった外面的なことだけで近寄ってくるタイプの人と一緒になったところで、本当の支えを得ることはできません。

また、いくらパートナーに理解があり、あなたを応援したいと思っていても、パートナーも人間です。自分だって、人間として価値ある人生を歩みたいと思うのは当然のことです。ただ支え続けるばかりでは、気持ちもすり切れてしまいます。あなたのことをうまく支えてもらうためには、自分ばかりが恩恵を受けるのではなく、相手にも、恩恵を返さなければなりません。あなたのことを尊敬しているパートナーは、あなたが感謝や優しさのお返しをすれば、それを何倍にもして返してくれることでしょう。

5 注意すべき恋愛の落とし穴とは？

思い通りにならなくても相手のせいにしてはいけない

自己愛性タイプの人は、自分の思い通りになって当たり前という驕《おご》りを心の中に持っています。思い通りにならないと、それは、自分のせいではなく、周囲の者のミスや怠慢が原因だと考えて、周囲に当たってしまいます。理不尽なことですが、一生懸命尽くしている人ほど、責任転嫁《てんか》をされかねません。エリートサラリーマンが、毎日のように妻や母親に暴力をふるっているという例もあります。いくら愛していても、不当なことで責められては、相手のことを段々尊敬できなくなってしまうし、ストレスも溜まる一方です。

責任転嫁する癖に気づいたら、要注意です。そうした点を許していると、どんどんエスカレートしやすいので、そのことについては、早い段階で、きちんと話して改めてもらうことです。放っておくと、ＤＶなどに発展しやすいため注意が必要です。

このタイプの人自身も、しっかり自覚と克己心《こっきしん》をもって、フラストレーションを周囲に転嫁してしまわないだけの自己コントロールを培う必要があります。

自己愛性のタイプに、もう一つ起こりやすいトラブルは、セクハラやパワハラなどのハラスメントです。優位な立場に立つと、相手の気持ちを考えずに思い通りにしようとして、それが通らない相手には、子どもじみた意地悪や陰湿な攻撃を行うこともあります。穏便《おんびん》に収めようとして我慢していると、反撃されないことをいいことに、行動をエスカレートさせてくることもあります。

こういうときは、二面作戦でいくといいでしょう。「○○さんのことを立派な方だと尊敬していたのに、そういう態度をとられるとは思いませんでした」と、相手の道義心に訴えかけると同時に、「これまで、○○さんがおっしゃったり、なさったことは、すべて記録してあります。そんなことはしたくありませんが、改めて頂けない場合は、しかるべき窓口で相談したいと思います」と、やんわり脅しをかけるのです。

このタイプの人は、自信たっぷりに振る舞っていても、根は小心です。第三者や公的機関を持ち出されると、たちまち臆病な正体を現し、掌《てのひら》を返したように、こちらの機嫌をうかがい出すことも多いものです。警告してもブレーキがかからない場合は、理性を失った危険な状態なので、第三者機関や本人に対して発言力をもつ人物に相談して、介入してもらう必要があるでしょう。

5. 反社会性パーソナリティタイプ
——危険なスリルを求める

【自己診断チェック】各項目について、よく当てはまる（◎）、当てはまる（○）、どちらとも言えない（△）、当てはまらない（×）のいずれかをチェックしてください。現時点だけでなく、過去数年間、あなたがどんなふうに感じ、行動していたかを振り返りながら、もっとも当てはまるものを選んでください。「どちらとも言えない」が多くなりすぎると、判定の感度が低下するのでご注意ください。

□違法なことを繰り返ししてしまったことがある。
□自分の利益や快楽のために、人を騙したことがある。
□場当たり的で、将来よりも、そのときが良ければいいというところがある。
□すぐに手が出たり、暴力に訴えてしまう。
□危険に無頓着で、命知らずなところがある。
□仕事をすぐに辞めたり、借金を返さないことがある。
□冷酷なことを衝動的にしてしまうことがある。
□ハラハラするようなことをするのが好きだ。
□臆病者と思われるより、戦うことを選ぶ。
□安全で平凡な日常よりも、刺激と冒険に満ちた人生を愛する。

判定 ◎を2点、○を1点として計算し、6点以上の場合、このタイプの傾向が認められると言えます。

1 反社会性パーソナリティタイプとは？

衝動的で命知らずな冒険家タイプ

反社会性タイプとは、規則や道徳、世間の常識的な考えといったものに縛られず、アウトローにふるまったり、危険なことに走ることで自分の存在感やアイデンティティを見出すタイプです。強い刺激を求め、命知らずな行為や違法行為にのめり込むこともあります。ただ、誤解のないように言えば、このタイプの人は、必ずしも犯罪者や無政府主義者というわけではありません。一部には、結果的に犯罪を犯す場合もありますが、危険な冒険が好きなだけで、むしろ正義の側に立って戦う人もいます。ただ、一歩間違うと、危険な一線を越えてしまうこともあります。正義か非正義かという境界は、しばしば当てにならないものだからです。

このタイプの人は、ハラハラドキドキの命知らずな状況が、むしろ快適に感じます。ダイビングやモータースポーツ、格闘技などで、命知らずな衝動を、比較的健全に満足させている場合もあります。冒険家タイプや戦士のタイプだとも言えるでしょう。

このタイプの剛胆さや腕っ節の強さ、衝動的で喧嘩っ早い傾向は短所でもありますが、魅力でもあります。このタイプがもつ危険な雰囲気に惹きつけられる異性も少なくありません。人情味を備えている場合もある一方、回避型の愛着が強い人では、共感性や思いやりが乏しく、冷酷な傾向が強まりやすいと言えます。一人の相手に執着せず、次々と相手を変えることが、ごく当たり前と思っていることも特徴です。

2 どのような親から生まれどのように育ったか

反社会性タイプの人は、子どもの頃からじっとしているのが苦手で、やんちゃで、イタズラばかりしていたという人が多いと言えます。よく叱られてばかりで、否定されて育つなかで、人間不信や反抗的な傾向を強めていったのです。小さい頃から、ウソをよく吐いたり、盗み癖があるという場合もあります。虐待されたり、不遇な環境で育ったり、逆に甘やかされて、愛情よりも金や物を与えられて育った人も少なくありません。

愛着スタイルは、回避型の人が多いですが、安定型や不安型の場合もあります。安定型の人では、行動の荒々しさとは裏腹に、情があり人との関係を大切にします。不安型の人では、情緒不安定な面が強まりやすく、アルコールや薬物に溺れやすい面があります。恐れ・回避型や未解決型があると、さらに関係が不安定になりやすく、猜疑心からＤＶなどに走りやすくなります。

3 反社会性パーソナリティタイプの人が落ちるとき

心が動く瞬間

同じ匂いに惹かれ、包容力のある相手に落ち着く

このタイプの人は、気風《きっぷ》がよく、カッコが良いものです。本能と一体化して生きているので、頭でっかちなタイプとは違って、体やハートを痺《しび》れさせるような魅力があります。

このタイプの人が求めるタイプには二つあります。一つは、自分と同じような傾向をもった人を、相棒《あいぼう》として愛する場合です。単調な日常的な繰り返しでは飽きたらず、危険やスリルを求め、行動的で、大胆不敵《だいたんふてき》なところや、優等生的には生きられず、否定され、傷ついてきた心を抱えている面を共有する場合です。同じ匂いを感じると、惹かれていきやすいのです。このタイプは、考えて行動するというよりも、行動してから考えるタイプなので、出会いや恋愛の始まりも、一緒に行動するなかで自然に生まれていきます。ともに行動し、一緒に夢中になる時間を過ごすというのが、出発点なのです。

このタイプの人が愛するタイプには、もう一つあります。それは、男性であれば、母親的な存在を、女性であれば、父親的な存在を求める場合です。そこで、相手に求めるのは、

まず何よりも、自分のことをすべて受け入れてくれることです。このタイプの人は、いつも外では突っ張って生きているのですが、そのぶん、人には見せられない傷や弱さも抱えています。そうした弱い部分を安心して見せられるような存在を求めるのです。

そうした存在として、このタイプの人から愛されるためには、本人を丸ごと受け止めることを心がけることです。あれこれ詮索《せんさく》したり、口うるさく言ったり、思い通りにしようとするのではなく、何気なくそばにいて寄り添いながら、しかし鬱陶《うっとう》しいほど束縛《そくばく》はせず、大きく包んであげるのです。追いかけたり、縛ったりするのは、愚《ぐ》の骨頂《こっちょう》です。そうなってしまえば、相手は興ざめするだけです。

愛が深まるコツ

旅人にとってのオアシスか、荒馬の調教師

このタイプの人は自由を愛し、縛られるのを嫌います。平穏無事な暮らしでは、心が満たされないのです。地道なことよりも、無謀な冒険や一攫千金《いっかく》を求めます。そのことをわきまえたうえで、自分の望む人生と相容《あいい》れないと思うのなら、早いうちに関わりから手を引くべきです。堅実な暮らしを築こうと、あなたがどんなに努力をしても、思いも掛けない事故やトラブル、警察沙汰、裏切りによって、平穏な暮らしが破られてしまうかもしれ

ません。あなただけでなく、あなたの家族や子どもも巻き込まれることになるのです。

しかし、そうしたリスクがあっても、このタイプの人とやっていきたいと考えるのならば、作戦として二つの選択肢があると言えるでしょう。一つは、このタイプの人を縛ることは最初から諦め、旅人とオアシスのような関係で満足することです。旅人は、ときどき疲れを休めにオアシスに立ち寄りますが、また元気になると旅立っていきます。最初のうちは、頻繁《ひんぱん》にやってくるかもしれませんが、そのうち年に一、二回しか来ないかもしれない。それでも変わらずに、同じような安らぎを与えていると、もっと頻繁に現れるようになるかもしれない。この場合は、待ちぼうけに耐えられるだけの気持ちの強さが必要です。

けれども、そんな関係には耐えられないと感じる人も多いでしょう。その場合、もう一つの選択肢は、このタイプの人を、時間をかけて飼い馴らすことです。あなたは荒馬の調教師になる覚悟で、相手と向かい合うことになります。地道な暮らしや縛られることが嫌いなこのタイプの人を、ヤンチャ坊主を躾《しつ》けていくように、徐々に調教していくのです。これには、根気と強い意志の力が必要ですが、不可能ではありません。しっかりとしたパートナーに手綱を握られて、このタイプの人が落ち着くというケースは少なくないのです。

平均して、三五歳を過ぎる頃から、このタイプの人も、次第に落ち着いてくることがわかっています。したがって、三〇代半ばまでは苦労させられたとしても、三〇代後半になるまで支えきることができれば、それまでの苦労が報われる可能性も高いのです。このタイプの人は、エネルギーが旺盛で、生活力がある人が多いものです。落ち着いてくると、骨のある人物として、活躍することもしばしばです。安定した愛着をもてるかどうかが、落ち着くかどうかを左右します。

ただ、それには強い意志と覚悟が必要です。下手をすれば、ミイラ取りがミイラになって、一生を棒に振ることになりかねないことを忘れないようにしてください。

4 反社会性パーソナリティタイプの人がもっと上手に付き合うには？

アプローチのしかた

〝ハンター〟になりすぎてはいけません

先にも述べたように、このタイプの人が求めるのは、同士かオアシスかです。それ以外は、貢がせるための獲物でしかありません。本能的で、勘の鋭いこのタイプの人は、一目で相手が自分に必要な存在かどうかを嗅ぎ分けますし、相手が自分の思い通りになりそうかどうかも見抜きます。

しかも、このタイプは、手に入りそうにない相手には最初からアプローチしません。自己愛性タイプとは別の意味で、このタイプの人はハンターですが、自己愛性タイプの人が、自分の力量や魅力を誇示するために、派手な獲物を狙いたがるのとは違って、このタイプの人は、生活のためのハンターです。捕れる獲物こそ、そして、思い通りになる獲物こそ、このタイプの人にとって、最良の獲物なのです。ただし、このタイプでも、自己愛性が混じったプライドの高い人では、自分の力を誇示するためだけに、気位の高い、派手な相手を、征服するためだけに征服する場合もあります。

このタイプの人は、決断も行動も早く、一見すると颯爽《さっそう》として魅力的に映り、押しも強いので、よほどドジを踏まない限り、狙った獲物は外しません。自分にふさわしいかどうか、自分が愛しているかどうかではなく、言いなりになりそうかどうか、自分の魅力に屈服させられるかどうかで、動くのですから、本当の恋愛ではありません。そうしたハンティングのような恋愛ゲームで、相手の心と体を弄んだところで、本当の幸福も満足も味わうことはできず、虚しくなるばかりです。

しかし、このタイプの人も、そうではない出会いを感じることがあります。自分が本当に求めている人に出会うときがあるのです。ところが、案外、そんなときには、このタイプの人は小心になって、素直に行動することができません。本当に求めている人を前にすると、いつもの勇気はどこへやら、拒まれてしまい恥をかかされるのではないかと警戒し、本音を見せることができないのです。突慳貪《つっけんどん》な態度や冷たい態度を取ってしまうこともあります。ところが、そんなとき、相手もあなたに惹かれていたり、あなたのことが気になっていることも多いのです。
あなたに本当に必要な人に出会えるかどうかは、強がるばかりではなく、素直な心になれるかだと言えるでしょう。

幸せな関係を続けるために…

地味に生きることこそ本当の勇気です

このタイプの人は、しばしば異性を見下し、利用することで、自分の優位を示そうとします。わざと横暴に振る舞って優位を見せつけようとします。どれだけ金をもらえるかで愛情を計ろうとします。しかし、そこで相手を思うがままに支配し、利益を得たところで、心は貧しくなるばかりです。自分の人生を損ない、人間としてもっと大事なものを失うことになるのです。

このタイプの人も、目先の欲得や自分の力を誇示する生き方に、虚しさを感じるようになるときが来ます。身近な存在を大切にする地味な生き方こそ、本当の勇気なのだということを悟るようになるのです。そうなったとき、求めようとしても、周囲は愛想を尽かし、相手にしてもらえないということにもなりかねません。それは、周囲の人の愛情や信頼を裏切ってきた結果なのです。本当に大切な存在が離れていってしまわないためにも、それでも愛してくれる子どもを傷つけてしまわないためにも、自分の生き方を見直す必要があります。

5 注意すべき恋愛の落とし穴とは？

暴力や恐怖で相手を支配してはいけない

このタイプの人にとって、恋愛は、生きるための手段や生活の道具となっていることが、しばしばです。すべてではありませんが、このタイプの一部の人たちは、「女（男）は金を取るための手段」と、割り切った考えをもっています。自分の思い通りにするための麻薬が、セックスなのです。ときには、文字通り麻薬を使って相手を虜《とりこ》にし、支配することもあります。

快楽だけではうまく縛れないときは、暴力や恐怖によって縛ろうとします。「殺すぞ」「火をつけるぞ」「その顔をグチャグチャにしてやろうか」と脅されて、平静でいられる人は少ないでしょう。まして、さんざん暴力を受け、衝動性を見せられた後では、口先だけの脅しとも思えません。恐怖は、強い力で人間を屈服させてしまいます。思い通りになると見ると、やりたい放題に搾取を受けることになるのです。

6. 境界性パーソナリティタイプ
——確かな愛が感じられない

【自己診断チェック】各項目について、よく当てはまる（◎）、当てはまる（○）、どちらとも言えない（△）、当てはまらない（×）のいずれかをチェックしてください。現時点だけでなく、過去数年間、あなたがどんなふうに感じ、行動していたかを振り返りながら、もっとも当てはまるものを選んでください。「どちらとも言えない」が多くなりすぎると、判定の感度が低下するのでご注意ください。

□大切な人に捨てられるのではと不安になって、必死にしがみついたり、そうさせまいとして相手を困らせたことがある。
□相手を理想的な人だと思ったり、ひどく幻滅したりの落差が激しいほうだ。
□自分が本当はどんな人間なのか、わからなくなることがある。
□衝動的に、危険なことや良くないことをやってしまうことがある。
□自殺しようとしたり、そうすると言って、周囲を困らせたことがある。
□一日のうちでも、気分が両極端に変わることがある。
□いつも心のどこかに、空虚な感じがある。
□些細なことでも、思い通りにならないと、激しい怒りにとらわれることがある。
□思い込みにとらわれたり、記憶が飛ぶことがある。
□自分は余り価値のない人間だと思ってしまう。

判定 ◎を2点、○を1点として計算し、7点以上の場合、このタイプの傾向が認められると言えます。

1 境界性パーソナリティタイプとは？

自己評価が低く見捨てられないかいつも不安

境界性タイプは、心に深い自己否定と愛情飢餓を抱えた不安定で傷つきやすい心をもつタイプです。客観的に見れば、人並み以上の容姿や能力をもっていても、自分はダメな存在で、生まれてきたのが間違いだったと思い込んでいます。誰かにすがらないと生きていけないので、愛情を激しく求めるだけでなく、どんなに相手が愛してくれていても、そのことを確かに感じられず、いつかは捨てられる、自分なんか本当には愛してもらえないと思ってしまいます。そうなる前に自分から別れてしまおう、捨てられるくらいなら死んでしまおうと、極端で自己破壊的な結論へと飛躍しがちです。

自己否定や見捨てられ感が強まると、衝動的に自傷したり自殺しようとしたりすることも珍しくありません。けれども、最初は、とても魅力的で感じのいい人だという印象をよくもたれます。境界性タイプの人も、依存性タイプや演技性タイプの人と同じように、人に媚《こ》び、人の関心を惹きつけることで、自分を支えてきたため、サービス精神があり相手を喜ばせる術を知っているのです。

ただ、そんな明るい顔とは別の暗い顔があるのです。根本的な安心感が乏しいため、些細なことがきっかけで気持ちが揺れやすく、ニコニコ上機嫌かと思うと、ちょっとしたことから別人のようにふさぎ込んでしまいます。恋人や友人との関係も、本当は求めているのに傷つけてしまったり、些細なことで傷ついてしまったりして、ギクシャクしがちです。最初のうちは相手を過度に理想化し、素晴らしい人に出会ったと思いがちですが、少しでもアラが見えてくると、急に気持ちが冷めて、逆に最悪のヤツだとこき下ろし始めます。

周囲を試しコントロールする

自殺願望を口にしたり、実際に死のうとして、周囲を慌てさせるということもよく起ります。本人の機嫌を損ねると大変なことになると思うので、周囲は、本人が不安定にならないように、薄氷を履《ふ》む思いで神経をつかうことになります。言うがままに合わせるのが当たり前になってしまうのです。結果的に、本人は周囲をコンロトールして、思い通りに暮らすようになります。

「やっぱり私なんか……」「もうどうでもいい」「生きているのが虚しい」といった、すべてを否定する言い方をするのが特徴です。とても感性が鋭く、表現力も優れている場合が多いと言えます。不安定で変化しやすい点も、短所であると同時に魅力でもあるのです。

いつもの優しい人柄とは別人のような激しい怒りをぶちまけたり、思いもよらない突発的な行動に走ってしまうこともあります。そうしたことが起きるのは、自分が見捨てられたと思ったときです。もう自分は愛されていないと思ったとき、何もかも破壊してしまいたくなるのです。

2 どのような親から生まれどのように育ったか

このタイプの人の深い自己否定や見捨てられ不安の背景には、幼い頃、愛情を奪われる体験をしたり、見捨てられる体験をしたりして、心に傷を抱えていることが関わっています。家族関係が複雑だったり、親とぎくしゃくしていたりということが、よく見られます。

愛着が不安定で、母親との関係が不安定だったり、父親が不在だったりすることが少なくありません。自分は愛されなかったという思いが強いのです。不安型愛着とともに、未解決型の愛着を抱えていることも多く、そのため、見捨てられ不安を抱くとともに、とても傷つきやすくなっています。

3 境界性パーソナリティタイプの人が落ちるとき

心が動く瞬間

心から自分を好きか〝試し〟て安心したとき

このタイプの人は、個性的な輝きを放っていることが多いものです。とても明るい印象を与える場合もあるし、一見して、影を感じる場合もあります。明るくて、感じのいい最初の印象も、少し付き合ううちに、翳《かげ》りを帯びた別の顔があることに気づかされ、それがまた、魅力に感じられることも多いのです。

このタイプの人は、依存性タイプと似ていて、サービス精神が旺盛で、人の顔色に敏感で、気を遣います。明るく振る舞うときと、暗く落ち込んだときの落差に、戸惑いや驚きを覚えさせられます。その掴みがたい感じに気になるものを覚え、知らず知らず惹かれていくということになりがちです。

このタイプの人との恋愛の始まりは、とてもドラマチックで、甘美なものです。運命の人に出会ったような思いにとらわれることもしばしばです。

しかし、関係が親密になるにつれて、様相が変わってきます。純粋にこのタイプの人のことを思っていればいるほど、戸惑わされ、振り回されることになりやすいのです。

このタイプの人との出会いは、みるみる距離が縮まったかと思うと、急に拒否されたり、肩すかしを食らわされたりといった、ストレートと変化球の組み合わせが特徴です。素直なストレートしか知らない人は、変化球に翻弄されることになります。愛を囁き合ったかと思うと、次の瞬間には、拒否され、別れ話を切り出されるような経験をすることも珍しくありません。

これは、あなたに対する試《ため》しを行っている段階なのです。かぐや姫が言い寄ってくる男たちに、難題を課したように、このタイプの人も、あなたの愛情がどこまで信用できるか、厳しいテストをするのです。それで、あなたがひるんだり、冷静さを失って、やり返そうとしたりすると、あなたは頼りにするには器が小さすぎると見なされ、燃え上がった炎も急速に冷めてしまい、サイテイの人とみなされることになります。

しかし、ここで、あなたが踏ん張り、相手の目先の態度にとらわれずに、本人を大切にしようとする姿勢を貫き通すと、あなたは次第に本当の信頼を得るようになります。本当の愛情に育っていくか、一過性の恋で終わるかは、この試しの時期を乗り越えられるかどうかにかかっています。

愛が深まるコツ

ゆとりがないときほど優しさを

このタイプの人と、ステディな関係にまで至ったあなたは、このタイプの人の試しをクリアしたと言えます。しかし、本当の愛情を育てていけるかどうかは、これからの努力にかかっています。まだ始まりに過ぎないのです。このタイプの人は、一旦信用できると思った相手に、何もかも委《ゆだ》ねて依存するようになります。その結果、あなたが本人の言うことをすべて受け入れ、満たしてあげている限りは、それなりに安定し、二人の間もうまくいくのですが、あなたが疲れていたり、余裕がなくなって、あまりかまわなくなったり、愛情欲求を十分に満たさなくなると、再び見捨てられ不安にとらわれ、急に落ちこんだり、自傷をしたり、ときには、優しくしてくれる別の人のところへ走ってしまったりします。そんなとき、相手は誰でもいいと言っても過言ではなく、あなたは、そのことで深く傷つくかもしれません。

したがって、このタイプの人と幸福な関係を築いていくには、あなたにゆとりがないときこそ、正念場だと言えるでしょう。そんなときも、一言、「愛している」と言うだけで、このタイプの人は安心できるのです。その一言を怠ったばかりに、取り返しの付かない事態が起きてしまうことが多いのです。

それと同時に、ふだんからあなたに依存させすぎないように、本人の自立能力を高めていくことが大事です。あなたの助けなしでは、自分が支えられないようにしてしまうと、あなたが支えられなくなったとき、すぐに別の相手を求めてしまうことになりかねないからです。

比較的安定して、お互いに余裕があるときこそ、自分のことは自分でこなし、自分の気持ちを自分で支えられるように鍛《きた》えていくことが、二人の愛を守るためにも必要なのです。

4 境界性パーソナリティタイプの人がもっと上手に付き合うには？

アプローチのしかた

〝いい人〟ほど気をつけるべき人だと思おう

このタイプの人は、相手を見分ける眼力に欠ける傾向があります。まるで幼い子どものように、表面だけで相手を判断し、目の前に現れた人をつい理想化しがちです。ことに愛情不足を抱えて育った人では、親のようにずっと年上の人を理想化してしまいやすい傾向があります。最初は、いいところしか目に入らず、素晴らしい人と思ってしまいます。表面的な優しさや、口先だけの優しい言葉に弱いのです。

愛情に飢えているこのタイプの人は、空腹の人が、どんなにまずいものでもご馳走《ちそう》に見えてしまうのと同じように、冷静に考えたら、およそ不釣り合いで、最悪の相手でさえも、「自分のことをわかってくれるいい人」に思えてしまうのです。「自分のことをわかってくれる」ということほど当てにならないものはありません。あなたより社会経験があり、少しばかり狡賢《ずるがしこ》さを備えた人ならば、あなたのことをわかった振りをすることなど、実にたやすいことなのです。「いい人」というのも、曲者《くせもの》です。本当の「いい人」は、人に対してみだりに親切や優しさをひけらかさないものです。あなたに優しいということ自体が、すでに怪しい。下心があるから、優しく振る舞っているのに過ぎないのです。

本当にあなたにとって「いい人」は、みだりに優しい言葉をかけたりせず、もっと淡々と、距離を取った態度で接するでしょう。あなたに自分から馴れ馴れしく近づいてくるということ自体が、本当に「いい人」ではない徴候なのです。

自分を〝安売り〟すればするほど不幸になる

このタイプの人の恋愛には、大きく二通りのパターンがあります。一つは、自分が弱っていて、助けを求めたい気持ちに駆られ、誰であれ、すがってしまうような恋愛です。このパターンは、これまでの恋人と別れた直後や今のパートナーとの関係で傷ついているときに起こりやすいものです。

しかし、このパターンは、とかく自分を安売りし、いっそう不幸を引きよせる結果になりやすいのです。自分に全然ふさわしくない、すぐに別れてしまうような相手を、〝救世主〟のように勘違いして、その腕に飛び込んでしまうのです。しかし、所詮ふさわしくないカップル同士なので、お互い冷めてしまうのも早いものです。

ただ、ときには、こうした状況で、一生の愛情を捧げ合う人と出会うというケースもあります。その場合、相手の人は、このタイプの人が困っている状況を見かねて、助けの手を差し伸べてくるのですが、打算的な意図はなく、見返りを要求したりはしません。相手のことを大切に扱おうとします。逆に、すぐに肉体関係を求めてくるような場合には、弱っている相手の足下を見て、思い通りにしようとしているだけであり、信頼に値しないと言えるでしょう。幸せになれるかどうかは、両者の見極めにかかっています。

もう一つのパターンは、もう少し心に余裕があって、あなたが輝いているときに起きやすいものです。何かに打ち込んで自分を支えているか、誰かに愛されていて、気持ちが安定しているという状況です。あなたは、明るく、人を惹きつける魅力を発揮しています。心に余裕があるので、安売りになることも少ないと言えるでしょう。逆に、このときに犯しやすい間違いは、外面的なグレードに騙されてしまうということです。見てくれのカッコ良い人やみんなから憧れの的になっている人から言い寄られ、あなたはのぼせ上がってしまいます。そういう人たちと比べてしまうと、本当にあなたを支えてくれる、誠実な存在というのは、色あせて見えてしまうものです。その結果、一見輝かしい存在のほうに走ってしまうのです。

しかし、相手は、元気で明るく輝いているあなたを気に入ったのであって、あなたの別の顔など知りません。あなたの別の顔を見たとき、鬱陶しく感じて、あなたをすぐにもてあましてしまうかもしれません。

あなたが落ち込んだときや傷ついたとき、相手の人がどういう対応を見せるかを、よく観察しましょう。本当にあなたのことを大切に思い、守ろうとしてくれるか、面倒くさそうな顔をしたり、自分の都合を優先したりするかで、相手の本音が見えるものです。あなたよりも自分を優先する相手とでは、二人の関係は早晩破綻してしまうでしょうし、逆に、どんなときも変わらぬ誠実さと愛情を示してくれる場合には、あなたのことを本当に思ってくれている何よりの証拠だと言えます。地味であっても、あなたのことを誠実に支え続けてくれる人こそ、あなたにとって本当の〝救世主〟なのです。

幸せな関係を続けるために…

素直になる勇気を持とう

このタイプの人の恋愛や対人関係で、周囲を戸惑わせやすいのは、心とは正反対な行動をとってしまうことです。本当は、寂しくて慰めてほしいのに、相手を苛立たせたり、怒らせるような態度を取ったり、相手が歩み寄ってきても、頑《かたく》なに拒否してしまったりするのです。それは、あなたが、これまで見捨てられた体験で傷つけられ、自分を守るために身につけてしまった頑なな反応パターンです。しかし、それは、せっかくの幸福も壊してしまいます。あなたのことを心から愛している人も、遠ざけてしまいかねません。

傷ついた気持ちにこだわり、意地を張るのではなく、素直になる勇気をもつことです。それだけで、あなたは、ぐんと幸せに近づくことができます。悪い点に対する不満にとらわれるのではなく、良い点を見つけられるようになると前途が開けていくでしょう。

小さなことにこそ本当の幸せがあることを知ろう

このタイプの人が落ち着いて、安定した幸せを手に入れるカギは、愛着が安定することにあります。そのためには、〝安全基地〟となって支え続けてくれる存在の役割が重要です。パートナーや配偶者が、その役割を担うことが少なくありません。でも、あなたのことを、本当に愛してくれている人にせっかく出会えても、相手の愛に甘えるばかりでは、せっかくの愛情を食いつぶしてしまいます。安全基地を自分から壊してしまうのです。

愛情とは、本来対等なものです。あなたが一方的に相手からもらってばかりでは、いつか相手も心が渇ききってしまいます。いつでも変わらぬ愛をもらおうと思えば、相手にも与えてあげないといけません。恵みを得るためには、世話をしたり、手をかけたりすることが必要なのです。

しかし、とかく、このタイプの人は、一旦得られてしまった愛情は、当たり前のようになって、もっと刺激的な愛情や楽しみを求めてしまいます。自分が大切に支えられていることを忘れてしまい、もっと多くを求めてしまうのです。結果的に、長年、支えてくれている人を裏切り、傷つけてしまうこともあります。それは、せっかくの幸福を台無しにしてしまうことです。

このタイプの人は、満足よりも、不満ばかりを感じやすいところがあります。全か無かで考えて、小さな欠陥を、すべてが悪いように思ってしまうのです。

しかし、それでは、いつになっても、誰と一緒になろうと、幸福になることはありません。大事なことは、今の状況の中で、小さくてもいいから、喜びを見つけ出し、それを楽しむことです。自分がしてもらうことではなく、自分がしてあげることに喜びを見いだすと、もっといいでしょう。そうするなかで、些細なことにも嬉しさを感じ、感謝できるようになると、あなたは本当の幸福を手に入れることができるでしょう。

5 注意すべき恋愛の落とし穴とは?

思いつめて極端な行動に走ってしまわないように

境界性タイプの人は、心の中に深い自己否定感や愛情飢餓感を抱えているため、極端で自暴自棄な行動に走りやすい傾向があります。アルコールや薬物に頼ることも多く、なかでも、周囲が肝を冷やすのは、突発的に自傷したり自殺しようとしたりすることです。しかも、そうしたことは、一度起きると繰り返し起きることが多いのです。安心させようと努めても、些細なことで、心が傷ついてしまうと、また同じことをしてしまいがちです。そうなると、周囲の人は、毎日冷や冷やしながら暮らすようになり、事が起きる度《たび》に生活も麻痺してしまいます。

こういう場合には、「いつも大切に思っている」ということを繰り返し伝えて、安心を与えることも大事ですが、それだけでは落ち着かないことも多く、悪い行動をとってしまったときの対処について（医療機関に行く、親元でしばらく過ごすなど）あらかじめ約束をし、取り決めた対応をするようにしたほうがいいでしょう。

見捨てられ不安が強く、見捨てられると思うと、思い詰めた行動に走ってしまうのは、どんなに愛されていても、その愛情を信じることができないためです。決して見捨てることはないということを、面倒がらずに、ふだんから繰り返し強調することが大切です。

7. 演技性パーソナリティタイプ

——魔性の魅力で誘惑する

【自己診断チェック】各項目について、よく当てはまる（◎）、当てはまる（○）、どちらとも言えない（△）、当てはまらない（×）のいずれかをチェックしてください。現時点だけでなく、過去数年間、あなたがどんなふうに感じ、行動していたかを振り返りながら、もっとも当てはまるものを選んでください。「どちらとも言えない」が多くなりすぎると、判定の感度が低下するのでご注意ください。

□みんなの関心や注目の的になっているのが好きだ。
□異性の注意をひいたりするのは、巧いほうだ。
□気まぐれで、移り気なところがある。
□外見やファッションには、かなり凝るほうだ。
□話が上手で、一緒にいると楽しいと言われる。
□自分の気持ちを、表情や身振り豊かに表現するほうだ。
□相手の態度やその場の雰囲気に影響されやすい。
□知り合いになると、すぐ気安く話ができるほうだ。
□本当のようなウソをついて、相手を信じさせるのが巧い。
□身のこなしが様になっていて、魅力的である。

判定 ◎を2点、○を1点として計算し、6点以上の場合、このタイプの傾向が認められると言えます。

1 演技性パーソナリティタイプとは？

人を惹きつける魔性《ましょう》の存在

演技性タイプは、外見的魅力やセックス・アピールによって、周囲の関心を惹きつけようとするタイプで、関心を得るためにオーバーアクションな演技を伴いやすい点が大きな特徴です。冷静な目で見る人には、いささか芝居がかった人だと思えてしまいますが、惹かれている人にとっては、一挙手一投足がとても魅力的に感じられます。

女性の場合、魔性の魅力とでも言うべき妖艶《ようえん》な感じを備えている場合もあれば、逆に、とても清純派で、可憐な乙女のように振る舞おうとする場合もあります。両者が混じり合っている小悪魔タイプの人もいます。ゴスロリやM女のような、決まったステレオタイプに自分を嵌《は》め込んで、それを演じるという場合もあるようです。

一方、男性の場合は、日焼けしたボディを鍛えたマッチョなタイプと、口が達者で、人を惹きつける魅力をもち、マインドコントロールに長けたタイプがあります。後者のタイプは、ビジネスの成功者や政治的、宗教的指導者にもみられますが、その一方で、嘘つきの詐欺師やペテン師にもみられます。

このタイプは、その演技力とパフォーマンスの力で、周囲を感銘させたり、信用させたりする天賦《てんぷ》の能力を備えています。悪く言えば、ウソが上手く、本当のようなウソをさりげなく吐いて、相手をコロッと騙してしまうのです。本人は騙そうという悪気があるというよりも、相手の気を惹き、認められようとしてそうすることが多いのです。しかし、よく言えば、説得力や心を操る力をもつということでもあります。

ただ、外見の華々しさとは裏腹に、内面はあまり魅力がなく、話をしても空っぽな人が少なくありません。軽々しく振る舞い、まともに向き合うことを避けることで、自分の中身のなさをごまかしている場合もあります。実際、自分でも、中身にはあまり自信がないことが多いと言えます。そうした内面的な自信のなさを補おうと、派手な外見や意表をついたパフォーマンスで周囲の目を欺《あざむ》こうとするのです。

恋愛に対しては熱しやすく冷めやすくで、飽きっぽくて、気まぐれで、長続きしにくい傾向があります。

2 どのような親から生まれどのように育ったか

このタイプの人は、無条件の愛情をたっぷりもらえずに育った人が多いようです。自分で、気に入ってもらえる存在を演じることで、周囲から関心を得ていたのです。このタイプの人では、親の性的な部分を見せられて育っているケースも、よく見られます。そうしたなかで、早いうちから、異性を性的魅力で惹きつけるということに関心を抱くようになるのです。また、遺伝的要因も関係しているとされます。どちらかの親が、似たような傾向を持っていることが多いものです。

愛着スタイルは不安型の人が多いのですが、比較的安定した愛着の持ち主から、回避的な傾向をもっている人、もっと愛着の不安定な恐れ・回避型の人まで幅広くいます。比較的愛着が安定している人では、パフォーマンスに優れた魅力を生かして活躍します。不安型の人では、過呼吸や意識消失発作といった症状を呈することも少なくありません。愛着が極めて不安定な人では、自分に関心を惹きつけるために、虚言を弄《ろう》したり、狂言で被害者や悲劇のヒロインを装うこともあります。

3　演技性パーソナリティタイプの人が落ちるとき

心が動く瞬間

オシャレでスマートな人、もしくはパトロン的な包容力に弱い

このタイプの人の恋愛パターンには、大きく二つあります。一つは、このタイプの人が

心に抱いている理想像を投影した場合です。理想像は、初恋の人のこともあれば、尊敬したり憧れている存在という場合もあります。その理想像にどこか似ているとか、重なり合う部分があるとき、このタイプの人は強く惹かれやすいのです。ただ、その理想像が、かなり俗っぽく、表面的なことが多いのも、このタイプの特徴です。お金持ちで、背が高く、スポーツマンで、カッコ良いといった類のものが基準になっていることもあります。

このタイプの人にとって、外面的な印象はとても重要です。どんなに内面的に優れていても、着ているものがカッコ悪かったり、乗っている車がみすぼらしかったりすれば、心はときめきません。このタイプの人に興味をもってもらおうと思えば、ファッションのセンスやヘアスタイルをカッコ良くし、ブランドものをさりげなく身につけ、目を惹く高級車に乗って行動を決めることです。

もう一つは、依存性タイプと同じように、いつも自分を守ってもらえる庇護者を求めるという場合です。大抵は、自分よりずっと年上で、社会的地位や経済力のある人が対象です。そうしたものがなくても、本人を守ろうという大きな精神的許容力があれば、代わりになることもあります。ただ、このタイプの人は、外面的なものに裏付けを求めようとする傾向が強いのです。

したがって、このタイプの人の愛を得ようと思うならば、たまたまあなたが、その人の理想像に近い存在であるか、それとも、その人を父（母）親のように守護するパトロン的な存在になるかです。そうした条件から外れる人が、このタイプの人の心を射止めようとしても、恋愛自体が成立せず、あなたの片想いか、独り相撲で終わってしまうでしょう。

逆に言えば、あなたが特別な努力をしなくても、このタイプの人が興味を感じれば、自分からアクションを起こしてくるでしょうし、このタイプの人は行動力があり、社会的スキルも高く、恋愛はこのタイプの人の天職と言っていいほどです。意表をついた手段を駆使して、あなたの心を射止めようと、向こうからアプローチしてくるでしょう。

ちょっと冷たいくらいの反応にグッとくる

このタイプの人は、初対面の人に対しても、すぐに親しくなるのが上手で、馴れ馴れしく甘えてきたり、接近してきます。そうしたスキルは天性のものがあります。サービス精神旺盛で、その気がない相手に対しても魅力を振りまき、関心を惹こうとすることもあります。それを真に受けすぎて、本当の好意だと勘違いすると、とんだ失敗の元です。

このタイプの人が好意を寄せてきたら、あなたが、このタイプの人の理想像と共通するものをもっているのかもしれません。その場合、あまりにも早く、理想像との違いに気づいて幻滅を味わせてしまうと、恋心も急速に萎《しぼ》んでしまいます。相手が熱く接近してきたからといって、いい気になって、調子に乗った行動に出ると、急に肘鉄をくらわされたり、拒絶を受けたりという憂き目に遭いかねません。急接近を受けたときは、たとえ、あなたも好意を抱いていたとしても、むしろ、軽く相手を押しとどめて、熱気を冷まさせるくらいが、一層、あなたへの信頼と尊敬を高めることになるでしょう。

愛が深まるコツ

つねに注目してその魅力を讃《たた》える

このタイプの人は、表現力が豊かで、何事も美的でインパクトがあり、ドラマチックなものにしようとします。非日常的なシーンを演出するのは非常にうまいと言えるでしょう。出会いやデート、誕生日といったときにも、演出を凝らすのが上手です。セックスにおいても、相手をうっとりさせ、心と体をとろけさせ、悩殺するワザをもっています。ベッドでの表現は、奔放で、激しく、魅力的です。映画のラブシーンのような素敵な気分にさせてくれるでしょう。

しかし、どんな関係も、長い間繰り返しているうちに、最初ほどはインパクトがなくなり、ドラマチックでもなくなっていきます。非日常だった恋も、それが日常的な愛に変わるうちに、刺激や新鮮さという点では、色あせていくものです。

ところが、このタイプの人は、日常的なものが苦手です。非日常的な表現の中でしか、生きているという実感を味わえないのです。パートナーも最初ほど新鮮な感動がなくなり、セックスもどことなくマンネリになり、新しい試みを追求したり、相手を讃えたりすることも減ってくるにつれて、このタイプの人は、激しい欲求不満を覚えるようになります。

このタイプの人にとって、性的な快感による満足以上に、自分が注目され、関心を独占し、美しさや魅力を讃えられることのほうが大切なのです。生きているうえで必要不可欠な栄養源と言ってもいいでしょう。それを、たっぷり与えられているうちは、安定して相手のことを愛することができますが、それを与えてもらえなくなると、何とも言いようのないつまらなさや虚しさを覚えるようになります。

このタイプの人と幸福な関係が長く維持されるには、初めてその手に抱きしめたときのように、熱い眼差しで見つめ、「素敵だ」と囁き、心からその魅力を讃えなければなりません。その部分が、このタイプの人にとっては、自己存在証明と言えるほど重要なのです。それを怠れば、やがてこのタイプの人は、かつてのような刺激と注目を求めて、新しい人のところへ行ってしまうでしょう。そして、気がついたら、あなたは、その人を苦しめた、ひどい人物にされているかもしれません。

敵に回すと怖い

有名人の妻が、突然、離婚を申し立て、夫の家庭を顧《かえり》みない態度に心を傷つけられたといって多額の慰謝料を請求するといったケースがあります。当の有名人は、忙しさにかまけて、妻に優しくできなかったこともあったかもしれませんが、そこまでないがしろにしたとは思っていません。仕事の大変さを考えれば、ある程度、仕方がない部分もあるでしょう。相手の女性も、そのことを承知のうえで結婚したはずですが、妻が、つらい胸中を涙ながらに訴えると、周囲は妻のほうに同情的になり、有名人は、ひどい夫だとバッシングを受けたりします。しかし、本当の真相は、妻に新しい恋人ができて、夫から金をとって縁を切りたいだけだったりするのです。

このタイプの人は、表現力や周囲をマインド・コントロールする力に長けているので、敵に回すと怖いとも言えます。愛し合っていたはずの相手が、一つ間違って敵に回ってしまうと、あなたを地獄に落とすために一芝居打つということも案外平気でやってのけます。巻き上げた金で、新しい彼氏とキャッキャッと笑いながら遊んでいるかもしれません。

4 演技性パーソナリティタイプの人がもっと上手に付き合うには？

アプローチのしかた

外見や地位で判断してはいけません

あなたは、自分の外見的な魅力に自信をもっているし、実際、あなたは魅力的です。あなたは、上手にアプローチし、相手のガードを緩め、親しくなるのも上手です。この人をと思った相手の心を射止める不思議な能力をもっています。恋の技術において、あなたは天賦の才を持ち、優れていると言えます。ただ、問題は、愛する人の選球眼においては、必ずしも優れていないということです。うまく相手の心を射止めることができたとしても、自分にとって、本当にふさわしくない相手ばかりを求めてしまったら、結局、よい結果には結びつきません。

このタイプの人は、外面的なものを重視しすぎる傾向があります。容姿や外見、ファッション、カッコ良さ、社会的地位といったものは、表面的な付き合いにおいては重要ですが、幸福な家庭を築いていくためには、あまり役に立たないものです。そうした観点で、相手を選別してしまっている限り、あなたにとって、本当に大切な人とは、なかなか出会えません。

このタイプの人が、人生の伴侶と出会えるためには、一目でわかるような価値ではなく、もっと内面的な価値に目覚める必要があります。そうなって初めて、相手の人間的な価値にも気づくことができるようになるのです。そのためでしょうか、このタイプの人は、ある程度年齢を重ねていくなかで、もっともふさわしい伴侶に出会うということが多いようです。若い頃の恋愛の経験が、決して無駄にはならないということでしょう。

自分の内面と向かい合う時間を持とう

あなたが、安定した暮らしよりも、いつまでも、スリリングな恋に心をときめかせた生活のほうを選ぶとしたら、それも、素敵な一つの生き方です。しかし、家庭的な幸福を手に入れたいと思うのなら、相手の選び方や恋愛の仕方も変えていかなければなりません。華やかで非日常的な付き合い方は、恋人同士のデートにはふさわしくても、毎日の繰り返しがベースになる家庭生活向きではありません。

地味なことの繰り返しや、ささやかな変化に喜びを見いだせるような感性を磨き、豊かな心を養っていく必要があります。料理をしたり、たわいもないおしゃべりをしたり、庭いじりをしたり、お部屋の工夫をしたりといった身近なことに、楽しみをもてるようになると、あなたは大きくゆったりとした幸福を知るようになるでしょう。

読書やすばらしい芸術に触れること、文章を書くといったことで、内面と向かい合う時間をもつことも、あなたの心を耕し、滋味を与えてくれます。

女優の高木美保さんは、パニック障害やうつに苦しんだ末に、十数年前から那須に移り住み、自ら農作業をしながら、自然の暮らしを楽しむなかで、精神的に安定し、タレントやエッセイストして、新たな才能を開花させています。

5 注意すべき恋愛の落とし穴とは？

演技や虚言で相手を困らせてはいけない

このタイプの人の演技力は、正しく用いれば、人に勇気や喜びを与えるものとして活かされますが、自分の目先の願望を満たすためだけに間違って用いられると、影響力があるだけに危険な面もあります。

一番身近で起こりやすいのは、同情や関心をひくための演技や虚言です。本人のことを思っている人ほど騙されやすいので、後で、それが作り事だと知っても、なかなか信じられないほどです。自分に箔《はく》を付けるために、学歴や家柄をいつわるケースにも、しばしば出会います。理想的な家族の姿をまことしやかに話すので、どんなにすばらしい人たちだろうと思っていたら、実際、会って見ると、まるで正反対だったことを知って驚かされたりするのです。本人のことを、ひどく虐待していたとか、逆に本人のことをすごく可愛がっていたといった、事実とは違う空想を語ってしまうこともあります。

もう一つは、過呼吸発作や手足が麻痺するといったヒステリー症状を起こしやすいことです。都合が悪いことがあると、体の調子が悪くなるということも、ありがちです。

8. アスペルガータイプ
――自分の世界に熱中する

【自己診断チェック】各項目について、よく当てはまる（◎）、当てはまる（○）、どちらとも言えない（△）、当てはまらない（×）のいずれかをチェックしてください。現時点だけでなく、過去数年間、あなたがどんなふうに感じ、行動していたかを振り返りながら、もっとも当てはまるものを選んでください。「どちらとも言えない」が多くなりすぎると、判定の感度が低下するのでご注意ください。

□孤独のほうが好きなので、誰とも親密な関係をもちたいとは思わない。
□自分一人で行動するほうが合っている。
□場違いな反応をしたり、ズレていると言われることがある。
□変わり者だとかユニークだとか言われることがある。
□一方的に喋ることがある。
□決まり切ったやり方や特定のものにこだわりが強い。
□興味のある領域には、ものすごく知識がある。
□人を相手にするよりも、モノを相手にするほうが性に合っている。
□他人がどう思おうと、余り気にしない。
□喜怒哀楽が余りなく、いつも冷静なほうだ。

判定　◎を2点、○を1点として計算し、6点以上の場合、このタイプの傾向が認められると言えます。

1 アスペルガータイプとは？

まるで〝宇宙人〟のような存在

アスペルガー症候群は、社会的相互性の障害があり、一方通行のコミュニケーションになりやすかったり、こだわりや限局的な興味のために、それに没頭することを特徴とするタイプです。診断基準に該当する障害レベルの人は、一般人口の〇・五〜一％程度ですが、軽度なものまで含めると、恐らくその十倍以上の人が、その傾向をもっています。このタイプは、技術者や専門家、研究者などに多く、恋愛や結婚のパートナーとしても重要なお相手となる可能性が高いタイプです。このタイプについて正しい理解と知識をもつことは、今や恋愛や婚活においても不可欠となっています。

このタイプの人は、共感性の発達が悪いため、相手の気持ちがわかりにくいのが特徴です。そのため、過度に形式的に振る舞うことで、ボロが出るのを防ごうとします。相手の意図を読み損ねて、トンチンカンな反応をすることも少なくありません。言葉のキャッチボールがうまくできず、会話もぎこちないものになりがちです。ただ、自分の関心のあることを喋らせたら、何時間でも熱心に喋っています。

微妙なニュアンスが苦手で、言葉を文字通りに受け取り、冗談やユーモアが通じにくいところもあります。人との関わり方が独特で、〝宇宙人〟のような常識を超えた感性の持ち主が多いと言えるでしょう。社会常識というものがわからず、ズレた行動をしやすいのですが、悪気はありません。むしろ、心が純粋で、腹の中がなく、誠実で、信用がおける人が多いと言えるでしょう。

動きがぎこちない、神経が細かい、興味のあることに熱中したい

このタイプの特徴の一つは、同じ行動パターンを繰り返すことを好むことです。体の一部を繰り返し動かしたり、ぐるぐる歩き回ったり、同じ決まり文句を言ったり、いつも決まったように行動する傾向があります。動きがぎこちなく、不器用で、少しコミカルな印象を受けることもあります。機械のようなギクシャクした動きをする人もいます。神経が過敏で、物音や匂いなどに敏感な人が多く、静かなのを好む傾向があります。

また、人よりも、モノに親しみや関心を覚えるのも特徴です。恋人や家族のことよりも、自動車やモデルガン、機械いじりや動植物の観察、趣味のコレクションといったものに、何倍もの情熱を注ぐことも珍しくありません。アニメやゲームに熱中する人も多いと言えます。専門職や研究者タイプの人も多く、一見、冴えない外見に見えたりしても、職場では優秀な技術者や専門家として活躍している場合も少なくありません。コンピューターな

どの先端技術にも強い人が多く、今日の時代には求められる人材です。

取っつきにくく、最初は無口な印象を与えますが、知識や見識は非常に豊かで、感性や批判眼も優れています。話し出すと、面白い知識や情報が飛び出してきて、こんなに楽しい人だったのかと驚かされることも多いものです。恋人とするには、少し役不足かもしれませんが、結婚相手としては、何かとメリットがあります。あまり恋愛経験がなく、相手を見つけるのが上手とは言えないので、才能も将来性もある人が、手つかずになっているケースも多いのです。未開拓な鉱脈といえるでしょう。虚を捨てて実を取るという点では、まさに狙い目かもしれません。

2　どのような親から生まれどのように育ったか

アスペルガータイプは、ベースには遺伝的要因が大きく関わっていると考えられています。ただ、育った環境や日々の生活も、その傾向を強めたり、弱めたりするようです。例えば、勉強ばかりして、あまり遊ばなかったような人には、このタイプの傾向が強まりがちですし、友だち付き合いよりも、コンピュータや画面ばかりを相手に生活をしていると、この傾向が強まる場合もあります。

パーソナリティの分類で、通常用いられるのは、シゾイドタイプやスキゾタイプですが、本書ではアスペルガータイプに含めさせていただきました。理論的には、両者は別の概念ですが、実際問題として、大人のアスペルガータイプとシゾイドやスキゾタイプを区別することは難しいものです。シゾイドタイプは、より自閉的なタイプであり、スキゾタイプは、積極的な面もありますが、常識を超えた風変わりさを特徴とするタイプと言えます。

愛着スタイルは、回避的な傾向が認められやすいですが、比較的安定した愛着の持ち主もいれば、かなり不安定で、不安型や恐れ・回避型の人もいます。愛着が安定している人では、社会適応に優れ、専門分野での能力を生かし、成功する人も少なくありません。不安定型の人では、不適応を起こしやすく、ひきこもりや孤立につながる危険があります。

3 アスペルガータイプの人が落ちるとき

心が動く瞬間

自分が夢中になっているものに関心を示してくれたとき

このタイプの人を攻め落とすうえで、一番うまくいきやすい方法は、関心領域を共有することです。その人が何に興味をもっているのかをよく把握したうえで、さりげなくそうした話題を持ち出すとよいでしょう。

もっとも幸運で劇的な場合には、相手の関心や好みと自分のそれが、奇妙なほどに一致するということが起こります。そうしたとき、恋愛が成就する方向に順風が吹いていると言えるでしょう。実際、このタイプの人と結ばれ、幸福な家庭を築いたケースでは、関心や趣味が一致しているということが多いものです。

そうでない場合も、心配ありません。まったく趣味も興味も正反対というほど違うというケースにも、後で述べるような別のメリットがあり、うまく補い合う関係になれば、幸せを手に入れているケースが少なくありません。

どちらにしても大事なことは、相手が夢中になっていることに敬意をもって関心を示すことです。教えを乞うのも一つでしょう。「面白い」「すごい」といった反応を抑え気味の声で、実感を込めて発すると、このタイプの人は、あなたと語る心地よさに陶酔した気分を味わうようになるのです。このタイプの人にとって自分の関心領域のことを語ることは、肉体関係を結ぶ以上の歓びであり、その歓びを共有することは、もっとも親密な領域に限りなく近づくことなのです。聴き手や教えを乞う弟子に徹し、相手を立て続けると、相手はあなたという聴き手をずっと自分のそばに置いておきたくなります。

ここまで進めば、後はもっと教えてほしいとか、一緒に何かを見に行きたいとか理由をつけて、外で会う約束を取り付けるのは容易なことです。

愛が深まるコツ

よきサポーターに徹する

アスペルガータイプの人と幸福な関係を築いていくためには、このタイプの人の欠点にばかり目を向けず、優れている点を発揮できるように苦手な部分を補って、よきサポーターになることです。成功したアスペルガータイプの人には、必ずそうしたサポーター役の伴侶がついています。

ただ、共感性が乏しく、自分の関心には目が向いても、サポーターの気持ちには目が行かないということもおきがちです。アスペルガータイプのパートナーは、自分の気持ちが汲んでもらえないという淋しさやストレスを感じやすいでしょう。そういう場合に、遠慮して我慢していても、このタイプの人は気づかないものです。具体的な言葉で、こうしてほしいと伝えたほうが、わかってもらえます。このタイプの人は根が真面目なので、どうすればよいかがわかれば、その通り忠実に実行してくれることが多いものです。詳しくは、拙著『アスペルガー症候群』などをご参照ください。

4 アスペルガータイプの人がもっと上手に付き合うには？

アプローチのしかた

恋愛の〝暗黙のルール〟を守ろう

アスペルガータイプの人は、相手の気持ちが見えにくいので、相手が自分に関心や好意をもっているかどうかも、わかりにくいと言えます。自分の気持ちしか眼中になく、相手が厭がっているのに、突き進んでしまうという場合もあります。

特定の領域には、非常に高い能力や専門知識をもっていますが、門外漢の人には、それがどれほど価値があるのかさえわかりません。頭はいいらしいけど、変わり者や変な人と見られてしまいがちです。

したがって、このタイプの人にとって良き伴侶となるためには、自分の価値を理解してくれる人だということが何よりも大切です。常識的な観点でしか見ないような人が伴侶になっても、このタイプの人の奇異なところや欠点にばかり目が行ってしまい、不満や小言ばかり聞かされて、楽しい人生とはほど遠い生活になってしまうでしょう。

実際、このタイプの人が伴侶を射止める代表的なパターンは、専門分野や関心領域が一致する人と出会って、結ばれるという場合です。相手のすばらしさや価値がよくわかり、尊敬し合う関係や助け合う関係になりやすいのです。この組み合わせは、とても幸福な関係をもたらすことが多いでしょう。このパターンで伴侶に出会うためには、関心のある領域の集まりに参加し、コミュニケーションすることを怠らないことです。自分の関心を追求することだけに没頭するのではなく、同好の士に対する思いやりや関わり合いを大切にしていれば、チャンスが自《おの》ずと生まれてくるでしょう。職場で出会うことも多いと言えます。

ただ、この出会い方で結婚に至った場合の唯一の欠点は、お互いの傾向が似すぎているために、子どもが生まれると、その子どもに同じ傾向がさらに強まりやすく、天才的な子どもができることもありますが、その一方で、不利な傾向が強まってしまう場合もあるということです。

もう一つの出会いのパターンは、専門領域や関心は違っているけれど、このタイプの人が好きになるという場合です。アスペルガータイプの純粋さや社会的な不器用さが、かえって相手に安心感を与え、支えになってあげたいという気持ちを抱かせる場合です。世話好きで、保護者のようなところのある人が、大きな子どもの面倒でも見るように支えているというケースは少なくありません。ことに、このタイプの人が年上の女性と結ばれている場合には、このパターンがよくみられます。

アスペルガータイプの人は、恋愛の作法というものに無頓着です。それゆえ、せっかくのチャンスを台無しにしてしまうこともあります。好きになったとき、どうやって相手に近づいていったらいいのか、その手順がわからず、ダイレクトに迫りすぎて拒絶されたり、逆に、心とは裏腹に、気になっている相手に不躾《ぶしつけ》な態度や意地悪な態度をとってしまって、相手を戸惑わせてしまったりということが起こりがちです。

恋愛にも暗黙のルールがあります。たとえば、その一つは、好きだとか、付き合ってほしいということを、いきなり言ってはいけないということです。相手が断った場合にも、後々の人間関係に響かないように配慮することが、社会人の恋愛のルールなのです。そうしたルールを無視した行動を取ると、相手はそれだけで常識のない人だと思うでしょうし、社会人として幼すぎると思われてしまいます。好意を打ち明けたりデートに誘ったりするのも、相手が断っても不都合が最小限になるように配慮することが大事なのです。そういう配慮ができるかどうかを相手は見ています。趣味の集まりに誘ったり、一緒に勉強会に行きませんかと声をかけたり、一度、○○について教えてもらいたいので、お茶でもしませんかと、誘ってみたりといった方法なら、相手が拒否したいときも後腐れがありません。

もう一つ重要なルールは、相手が厭がっているのに、それ以上、無理強いしてはいけないということです。その兆候に気づいたら、すぐにストップをかけ、関心や行動目標を切り替えないといけません。それができないと、トラブルになったり、愛されるどころか永久に嫌われることになります。相手の態度に応じて、さっと身を引くことができれば、相手は安心し、また思い直してあなたを受け入れるようになることもあるでしょう。

愛することは所有することではありません

どんなに専門的な領域で能力をもっていても、現実的な面での不器用さや社会的スキルの乏しさのため、足下をすくわれるということが起こりがちです。自己管理能力も乏しく、誰かがマネージャー役になって管理しないと、生活も乱れて、病気になってしまうケースもあります。その意味で、このタイプの人にとって、サポーター兼マネージャーでもある良き伴侶に巡り会えることは、何事にも勝る幸福です。逆に、伴侶がそばにいる間はすばらしい成功を収めていたのに、伴侶がいなくなった途端に幸運に見放されるというケースも多いものです。

だから、もしあなたが、そういう存在を伴侶にできる幸運をもったとしたら、その幸運を大切にすることです。このタイプの人は、自分の視点でしか考えず、人の気持ちがわかりにくいところがあるため、せっかくあなたの助けになっている人の気持ちにも鈍感になりがちです。自分に都合良く動いてくれて当然、少しでも不都合なことが起きると、苛立ちや怒りを感じてしまいがちです。

しかし、人間は、機械やコンピュータではありません。愛し合うことは、所有することではないのです。あなたの思い通りには、動かないことのほうが多くて当たり前ですし、あなたのためにだけ生きているわけでもありません。お金だけ稼いでいれば役目を果たしたと思うのは大間違いです。人は感情の生き物です。物質的に満たしても、その心は満たされません。一日に一度は伴侶と向かい合い、伴侶の話を聞き、一言でもいいので、優しい言葉をかけてみましょう。それを実行するだけで、あなたはうまく支えられ、仕事にいっそう専心できるでしょう。

5 注意すべき恋愛の落とし穴とは？

相手が自分に好意があるとすぐに思ってしまわないように

このタイプの人との間に起こりやすい恋愛のトラブルの多くは、一般の人にとっては、日常的な遣り取りに過ぎないのですが、このタイプの人にとっては親密な遣り取りと受け取られてしまうことを、不用意に行ってしまうことから生じます。このタイプの人にとって、親密になる機会自体が少ないので、親切な言葉を掛けたり、褒めたり、興味ある領域について語り合ったりすると、このタイプの人のなかでは、あなたは特別な存在になってしまうのです。あなたにとっては、それは単なる社交辞令にすぎず、別に好意の告白でも、恋愛のアプローチでもないのですが、相手にとっては親密な領域に入ってきたと感じられてしまいます。

このタイプの人は、自己表現が苦手なので、好意の表現も不器用で、唐突なものになったり、ぎこちないものになりがちです。急にむっつりして愛想が悪くなったり、喋らなくなったり、不躾なことを言ったりするのが、実は恋愛モードに入ったためということも少なくありません。相手を困らせるようなことをしてくる場合もあります。相手は面食らい、それまで好意を抱いていても、嫌われたのかと思って、引き下がってしまうこともあります。

同僚や知り合いとして接していたのに、急にこうした変化が見られたときは要注意です。恋愛感情を抱き始めているものの、どう表現したらいいかわからずに、懊悩《おうのう》のあまり、珍妙な行動になっている可能性があるからです。恋はエネルギーを賦活《ふかつ》するので、ふだんは控えめで大人しいこのタイプの人でも、大胆な行動に駆り立てられることがあります。

こうしたトラブルを防ぐためには、親密な距離に近づき過ぎないようにすると同時に、早い段階でその兆候を読み取り、恋愛感情をもち始めているような場合は、安易に気をもたせる接し方はせず、距離を取り直し、クールダウンさせるとよいでしょう。それでも、さらにアクションを起こしてくるようなら、曖昧な態度をとらずに、はっきりと拒絶の姿勢を見せて、付け入るスキを与えないことです。元来、礼儀正しく、秩序を重んじるタイプなので、きちんと筋を通せば、ストップがかかることが多いものです。曖昧な対応をすると、かえって混乱させてしまうでしょう。

9. 妄想性パーソナリティタイプ
——誰も信じられない

【自己診断チェック】各項目について、よく当てはまる（◎）、当てはまる（○）、どちらとも言えない（△）、当てはまらない（×）のいずれかをチェックしてください。現時点だけでなく、過去数年間、あなたがどんなふうに感じ、行動していたかを振り返りながら、もっとも当てはまるものを選んでください。「どちらとも言えない」が多くなりすぎると、判定の感度が低下するのでご注意ください。

□他人は油断がならないものだと思う。
□友達や仲間といえども、信じられないときがある。
□自分の秘密やプライベートなことは、他人には言わないほうだ。
□他人の言葉に、よく傷つけられることがある。
□傷つけられたり、恨みに思ったことは、長く忘れないほうだ。
□当てこすられたり、非難されると、怒りがこみ上げてくる。
□配偶者や恋人が、隠れて裏切っているのではないかと疑うことがある。
□言外の意味を邪推してしまうことがある。
□相手が約束を破ったり言葉を違えたりすると許せない。
□自分のことを悪く言われているように思うことが、よくある。

判定 ◎を2点、○を1点として計算し、6点以上の場合、このタイプの傾向が認められると言えます。

1 妄想性パーソナリティタイプとは?

身近な人ほど信じられない

妄想性タイプとは、人を心から信じることができず、ネガティブな思い込みにとらわれやすいパーソナリティのタイプです。身近な、誰よりも信じていい存在までも、信じられないのが特徴です。ときには、どんどん猜疑心《さいぎしん》や〝妄想〟が膨らんでしまい、事実と隔たった思い込みから行き過ぎた行動に走ることもあります。

ふだんは真面目で、律儀で、堅苦しく、強迫性タイプに似ていますが、警戒心が強く、人に本心を見せず、秘密主義なところが、このタイプのもう一つの特徴です。そのため、自分のプライバシーを他人に知られることを、極度に厭がる傾向が見られます。

嫉妬深く、パートナーが浮気をしているのではないかと疑ったりするのも特徴です。相手がすぐにケータイに出なかったりしただけで、何をしていたのかと詮索したり、小さな痣《あざ》を見つけただけで、それがどうしてできたのかと気にしたりします。ひどい場合には、パートナーのケータイやメールをこっそりチェックしたり、持ち物を調べたり、身体検査をしたり、探偵を雇って見張らせる人もいるほどです。

多くの場合、こうしたタイプの人だと最初からわかっていれば、付き合うことはなかったと後悔するのですが、最初の印象は、人懐っこく魅力的だったり、とても親切で献身的だったりするので、見分けることはなかなか難しいものです。最初の段階で気づくポイントとしては、プライベートなことを極度に話したがらないことでしょう。少し親しくなった段階では、連絡がとれなかったり、他の人と親しげに話しただけで、急に不機嫌になったり、詰問調になったりすれば、だいぶ怪しいと言えるでしょう。

2 どのような親から生まれどのように育ったか

遺伝的要因も大きいとされますが、小さい頃の養育や教育も関係しています。親や周囲から責められ、アラ探しばかりされることが多かった人に見られやすい傾向があります。人は自分の欠点をほじくり返して、攻撃してくるものという思い込みは、そうした体験に由来していることが多いのです。信じていた人に裏切られたり、虐げられたり、仲間はずれにされたりして心が傷ついた経験を抱えていることも、しばしば見られます。

夏目漱石の名作『こころ』の主人公である「先生」も、このタイプの人です。ふだんは穏やかな先生が、妻に対しては激しく罵ったりします。誰にも心を許すことができず、ひきこもって暮らしています。その背景には、信頼していた叔父に裏切られ、親の遺産を奪われたうえに、自らも親友から恋人を奪い、その男を自殺に追い詰めたという過去があったのです。

だが、それはストーリー上の〝作られた原因〟です。人が信じられない本当の原因は、漱石自身がそうであったように、もっと幼い頃からの体験にあります。漱石は、幼い頃から里子に出されたり養子にやられたりして、実の両親の愛情を知らずに育ちました。十歳も近くなって実家に引き戻されましたが、そこでも父親は漱石を否定し続けました。『こころ』に描かれた「先生」の人を信じられない苦悩は、漱石自身の苦悩でもあったのです。

愛着は不安定で、恐れ・回避型や未解決型の人が多い傾向があります。『美女と野獣』の野獣のように、愛情を求めつつも自分なんか愛してもらえるはずがないと疑い、相手の愛を信じることができません。過酷な迫害体験や飲酒・薬物乱用によって妄想性の傾向が強まる場合もあります。

3 妄想性パーソナリティタイプの人が落ちるとき

心が動く瞬間

内面に踏み込んだ瞬間、スイッチが入る

傷ついて硬い殻をまとったこのタイプの人と親しくなろうとする場合には、まず軽々しい気持ちでかかわると大けがをしかねないということを肝に銘じることです。ただ、暗い影がとても魅力的な場合もあります。真面目で、きっちりしているので、信頼できる相手と思ってしまう場合もあります。また、プライベートでかかわるつもりはなくても、仕事のために接近しなければならない場合もあるでしょう。

このタイプの人は、表面的に親しくなっても、なかなか心を開きません。相手が本当に信用できる相手か、確信がもてないからです。心を開いて、自分のことを打ち明けたりするようになっても、今度は、相手が裏切るのではないかと不安になります。このタイプの人の心を無理にこじ開けようとしたり、急激に接近しすぎることは、本人の安全感を脅かし、警戒心をかき立て、不安定にさせる危険があります。時間をかけて少しずつ距離を縮めていくというのが安全なやり方です。みだりにプライバシーに踏み込まないほうが賢明でしょう。というのも、このタイプの人は、一度、自分の秘密を打ち明けると、相手に対して弱みを握られているような心理状態になり、その後、関係がギクシャクしたり、あなたに対して過度に依存してきたりして、火種を抱えることにもなりかねないからです。

その人と、真剣に向き合って、愛を深めていきたいという覚悟がないかぎり、気軽に相手の内面に立ち入らないのが良策です。

愛が深まるコツ

逆らわない、敬意を忘れない

妄想性タイプの人は、疑り深く、些細な秘密や隠し事に対して不信感を強めたり、あらぬ疑いを抱いたりしがちです。その根底には、裏切られるという不安とともに、自分は愛してもらえない存在だという思い込みがあるのです。したがって、本人の自信やプライドを傷つけないようにし、本人の良い点を褒め、尊敬の念を繰り返し伝え、本人を安心させるように接することが重要です。

このタイプの人は、独自のこだわりや基準をもっていて、そのことは絶対譲れない信条となっています。その点を否定したり軽んじたりすると、逆鱗《げきりん》に触れることになるでしょう。頑固な抵抗にあったときは逆らわず、敬意をもって従ったほうが、無益な争いに巻き込まれずに済みます。対等に議論しようなどと思ったら、痛い目に遭いかねません。

このタイプの人は、自分が傷つけられたと思うとDVや訴訟に至ることも少なくありません。ちゃんと話して説得しようとしても、楯をついた＝裏切りだとみなされて、DVやハラスメントを誘発してしまいます。

ケースによっては、人を攻撃するという方向には出ず、ひきこもり社交を避けることで、対人不信や傷つきやすさから自分を守っている場合もあります。

4　妄想性パーソナリティタイプの人がもっと上手に付き合うには？

アプローチのしかた

“爽《さわ》やかさ”を演出しよう

このタイプの人が、愛の対象に選ぶのには、大きく二通りあります。

一つは、自分が支配でき、思い通りになりそうな人です。そうした相手に対して、このタイプの人は、根気よくアプローチを繰り返し、相手が根負けして、ついに受け入れるというパターンが多いのです。

このタイプの人の強みは、ねちっこい押しの強さや粘りと、計画的な行動力です。しかし、ねちっこさを、できるだけ前面に出さないように、爽やかさを演出するように心がけることが大事でしょう。相手を縛るような素振りは決して見せず、どんなに相手のことを愛していても、重苦しい調子にならないようにしましょう。軽やかで、気のおけない雰気を醸《かも》し出すことがポイントです。相手が、あなたの愛情を重く感じた途端、相手は尻込みしてしまいます。こんなに愛していると強調することは、逆効果になりやすいのです。

もう一つ多いのは、親身になってくれた人や優しく接してくれた人に執着するというパターンです。相手には、恋愛という意識はなく、仕事上、あるいは、単なる親切から、優しく接しただけなのですが、それを好意の表れと解釈し、交際を求めるという場合です。「そんなつもりではない」と相手は、戸惑いを示すのですが、このタイプの人の執拗な求愛に、仕方なく応じていくうちに、抜き差しならぬ状況になってしまうというケースが少なくありません。軽い気持ちで食事に応じたら、求愛を受け入れてもらったように誤解するという場合もあります。

少し関係が縮まったからといって、それは、別に親密な関係になったわけではないことを肝に銘じ、常に適切な距離感を保つように心がけると、相手も安心して気を許すようになるでしょう。

幸せな関係を続けるために…

人のすべてを支配することはできない

妄想性タイプの人は、相手のすべてを知って、すべてを支配しようとします。しかし、人間の心とは、常にさざ波のように揺らぐものですし、それを止めようとして相手を縛り付けても、相手は息苦しさを感じて、あなたの支配から逃れたいと思うだけで、心は余計離れていってしまいます。人は、自分の主体性を尊重してくれる人を愛し、主体性を脅かそうとする存在を嫌います。

結局、あなたが求めようとすればするほど、あなたは鬱陶しがられてしまうという悲しい事態になってしまうのです。そうならないためにも、あなたの支配欲求や猜疑心をコントロールする必要があると言えるでしょう。

5 注意すべき恋愛の落とし穴とは？

傷つけられたことばかりに目を向けてはいけない

妄想性タイプの人は、一つ間違うとストーカーやDVの問題を起こしやすいと言えます。その根底には、このタイプの人が、親密になった存在を自分の〝所有物〟のようにみなしてしまいやすいということがあります。また、通常の対人距離が遠い一方で、誰かが近い距離に入った途端、依存心や恋愛感情のスイッチが入ってしまう傾向もあります。

そのときになってから、距離をとろうとすると、トラブルや揉め事になりがちです。こちらは付き合った覚えもないのに、相手は「別れない」と抵抗することになります。それでも拒否しようとすると、ストーカーとなって脅迫や嫌がらせを受けることになるので注意が必要です。

自分の傷つけられたことにばかり目が向いて、攻撃をエスカレートさせる場合もあります。思い込みが激しいだけに、危険な状況になることも稀ならずあるので、早めに安全なところに離れたうえで、第三者を窓口にして話をつけたほうがよいでしょう。

4章

あなたと相手の相性がわかるパーソナリティ恋愛分析

前章では、各パーソナリティタイプの特性と恋愛のスタイルについて学んできました。しかし、恋愛は一人でするものではありません。二人の人間のパーソナリティが絡み合うことで、化学反応にも似たプラス・アルファな現象が起きるのです。

本章では、各パーソナリティの組み合わせごとに、その相性やたどりやすい経過、気をつける点などについて、具体例をまじえながら説明していきたいと思います。怖いほど「当たる」と思われるでしょうが、それは、「当たる」のではなく、塩酸と水酸化ナトリウムを混ぜたら、食塩になるという事実を述べるのと同じように、組み合わせの結果を経験科学的に述べているに過ぎないのです。爆発する危険のある組み合わせがある一方で、何の反応も起こらない組み合わせがあるのと同様、パーソナリティ同士の組み合わせにも、激しい反応を起こすものから、混じり合わない組み合わせまで、さまざまです。

もっと細かく見ていくために、お互いの第一のパーソナリティだけでなく、第二、第三のパーソナリティとの相性も見ていくとよいでしょう。どういう部分で、衝突や行き違いが起きやすいか、安定した愛情を築いていくには、お互いどういう部分を引き出し、生かしていけばいいのかが、より詳しく見えてくるはずです。回避性、依存性、強迫性、自己愛性の四つのタイプについては、頻度も高く、性差による微妙な違いがあるため、どちらが男性、女性であるかにより、区別して解説を行っています。他の五つのタイプについては、性差よりもタイプによる特性の違いが大きいため、男女の区別は行っていません。

回避性
タイプの
女性

傷つきやすく、失敗を恐れ、親密な関係を避けてしまう回避性タイプ。肌をさらしたりセックスすることにも恥じらいや抵抗があります。控えめで、自信がなく、不安の強い女性です。

1 回避性パーソナリティタイプ（女性）依存性パーソナリティタイプ（男性）

相性はいいけれどズレやすい

内気で、表だっては自分の意思をはっきり言わない回避性タイプの女性と、何でも優しく、受け入れてしまう依存性タイプの男性とは、意外に相性のいい組み合わせです。回避性の女性と依存性の男性は、派手さはないが良いカップルになりやすいでしょう。甘え上手で、人と見ると自然に寄っていく、気の置けない依存性の男性が、回避性の女性に近づいていき、お節介を焼いているうちに回避性の女性のほうも心を開いて、いつのまにか親しくなるというパターンです。

回避性の女性にとっては、社交性に勝る依存性の男性に対外的なことは任せて、手足のように動いてもらえるので都合がいいですし、依存性の男性にとっては、回避性の女性の内気で消極的なところを放っておけず、手足となってあげることで満足感が得られます。ただ、問題は、どちらも意思がはっきりしないところがあり、それを汲《く》み取り合うけれど、結局、どちらも望んでいないことを一生懸命やって、ズレやすいことです。どちらも、心の支えが足りずに、宗教に救いを求めたり、押しの強い人に都合よく利用されたりということにもなりやすいカップルです。

回避性の女性は、芯の強さを発揮して、依存性の男性に的確なアドバイスを授ける必要がありますし、依存性の男性は、八方美人になりすぎて、誰にでも優しくし過ぎないように脇を締めてかからなければならないでしょう。

遅すぎた告白

ボランティア先で、教師の裕子さん（仮名）は、とても世話好きの、感じのいい男性、昭人さん（仮名）と知り合いました。昭人さんは福祉系の仕事をしていて、自然や子どもが好きなところが裕子さんと一致し、二人は意気投合したのです。最初にアプローチしてきたのは、昭人さんのほうからでした。しかし、それを裕子さんは頑なに拒み続けていました。別に昭人さんが嫌いだったわけではありません。むしろ逆でした。自分と一緒になったら、昭人さんが不幸になる、自分は結婚に向かないのでは、という結婚に対する不安のためでした。しかし、三〇代も半ばになったとき、自分が昭人さんのことを今も思い続けていることに気づいた裕子さんは、思い切って昭人さんを訪ねました。しかし、出てきた昭人さんは悲しそうに言ったのです。「ずっと待ってたけど、遅すぎたよ。今、付き合っている人がいるんだ」

決断することを先延ばしにしすぎて、チャンスを逃してしまうということが、回避性タイプには起こりがちです。昭人さんにもっと押しの強さがあれば、違っていたかもしれませんが、優しい依存性タイプの男性は、相手の気持ちを考えるがゆえに、そこまで強引な態度もとれないのです。昭人さんが裕子さんの不安を理解し、急に親密な関係や結婚を求めるという迫り方ではなく、何気ない手紙やメールの遣り取りを根気よく続けながら、互いの気持ちを深めていくという戦略をとっていれば、二人はゴールインしていたでしょう。

2

回避性パーソナリティタイプ（女性）
自己愛性パーソナリティタイプ（男性）

見えないところで不満がたまりやすい

好き勝手に行動し、家庭をあまり顧みない自己愛性タイプの男性と、あまり自分を表現せず、気持ちを抑える回避性タイプの女性では、正面衝突は起きにくいのですが、見えないところで不満が溜まりがちです。華やかさを求める自己愛性の男性にとっては、控えめな回避性の女性は、やや物足りなさを感じ、回避性の女性は、自己愛性の男性を魅力的な人だと感じる一方で、本当に愛されているのか、捨てられるのではないかと不安を抱きやすいのです。そのため、自己愛性の男性のほうが積極的にならない限り、話がなかなか進展しないでしょう。

一緒になってからの相性も、吉凶半ばというところでしょう。ずっとラブラブという具合にはなりにくく、サラッとしがちです。自己愛性の男性としては、自分勝手に振る舞っても、口うるさく不満を言われることもなく、やりやすい面があります。ただ、自己愛性の男性のほうが、あまりに身勝手に振る舞ったり、押さえつけたりすると、傷つきやすい回避性の女性は、いっそう自信を失い、精神的に病んだり、突然、関係が終わることもあります。

逆に、最初は控えめで大人しかった回避性の女性が、心を許したパートナーに対しては、きつい一面を見せるようになる場合があり、そうなると、自己愛性の男性にとっては、余計家庭が面白くなくなり、外で憂さを晴らすようになってしまいます。自己愛性の男性の賞賛の欲求を、回避性の女性がいかに満たせるかが、カップル円満の秘訣でしょう。

アガサ・クリスティと一番目の夫アーチボルドの場合

「ミステリーの女王」アガサ・クリスティは、子どもの頃から読書と空想好きの内気な少女でした。数学やピアノが得意で、数学の先生やピアニストになろうと思ったこともありました。ただ、本番に弱く、時間内に何かしなければならないとなると、まるで力が発揮できず、マイペースを好んでいました。

美しかったアガサは、年頃になると次々求婚を受けます。相手はどれも立派な紳士で、アガサも最初は気に入るのですが、結局、最後には断ってしまいます。

そんなことが、三回ばかり繰り返された末、アガサは一人の男性に出会います。アガサとは、ある意味、正反対の人物でした。イギリス軍の少尉だったアーチボルドという男性です。ハンサムで、自信に満ち、魅力的な人物でした。アガサは惹き付けられ、恋に落ちました。アーチボルドも、積極的にアプローチしてきます。しかし、アーチボルドに対しても、アガサは煮え切らない態度をとります。恐らく、アーチボルドが本当に結婚相手としてふさわしいか、迷いがあったのでしょう。しかし、ある事件がアガサを決心させます。第一次大戦が始まり、彼が戦場に行くことになったのです。二人は、短い休暇の間に式を挙げ、初夜を迎えると、夫は慌ただしく戦地へと向かったのでした。

それから終戦までの数年間、二人はたまの休暇に顔を合わす以外は、手紙の遣り取りで愛情を確かめ合っていました。アガサは戦場の夫を思い、志願看護師になって活動します。離れて暮らしていたこの期間、二人の関係はまったく良好でした。

ところが、戦争が終わって一緒に暮らすようになると、徐々に様相が変わり始めます。夫はろくに仕事をしようとせず、ゴルフ三昧。アガサは生活のために、ミステリーを書くようになるのです。アガサが有名になり、収入も増えると、ますますその傾向は強まります。子どももできましたが、夫はアガサが口出ししないのをいいことに、遊び歩いていました。挙げ句の果てに、他の女性と深い仲になると、突如、アガサに離婚を迫ったのです。アガサにとっては青天の霹靂《へきれき》でした。

その直後アガサは行方不明になります。マスコミも巻き込んで、イギリス中が大騒動となった失踪事件です。十日後、アガサは保養施設にいるところを発見されますが、その間の記憶をなくしていました。そうすることで、受け入れがたい現実と向き合うことを回避したのでしょう。アガサは精神分析の治療を受けます。その後も、なかなか決心がつかぬままに過ぎましたが、結局、夫との関係は修復できず、二人は離婚することになるのです。

3 回避性パーソナリティタイプ（女性）強迫性パーソナリティタイプ（男性）

手足となって尽くしてしまう

強迫性タイプの男性が、回避性タイプの女性の手足となり尽くすという関係は、しばしば出会うものです。回避性の女性は、それをありがたがる訳でもなく、当然のことか有り難迷惑のように思っていることもあります。強迫性の男性の熱心な支えや支配が、回避性の女性の主体性や意欲を奪ってしまうこともあります。相性自体は良いのですが、おんぶにだっこの関係になりがちです。それは、一方にばかり犠牲を強いてしまい、将来の破綻を用意することになりかねません。

家事手伝い理紗さんと飲食系店長悟朗さんの場合

二四歳の理紗さん（仮名）は、内気で、神経質なところがあり、人付き合いは苦手なほうです。最近は勤めを辞めて、家事手伝いをしています。悟朗さん（仮名）は、理紗さんより、六つ年上の三〇歳で、飲食系の店長の仕事を任されています。人当たりのいい、責任感の強い人柄で信頼されていました。理紗さんの兄と悟朗さんが友だちだったこともあり、二人は昔から顔見知りで、悟朗さんは理紗さんを妹のように可愛がっていました。二年ほど前に、突然悟朗さんが近くに越してきたことから、悟朗さんがよく理紗さんの家にやってくるようになり、悟朗さんは、ときどきドライブやショッピングに理紗さんを誘うようになりました。その頃、理紗さんは、恋愛感情などさらさらないと思っていて、そんな話をされると、冗談じゃないというように一笑に付したものでした。しかし、消極的な理紗さんが、他の男性と知り合う機会はほとんどなく、それから二年ほどたっても、同じような状況が続いていました。

ところが、ある頃から、理紗さんは急に不機嫌になって突然車から飛び出しそうになったり、悟朗さんにもう会わないと、拒否する態度を見せたりし始めたのです。不安定で、訳がわからない理紗さんの態度に、悟朗さんはすっかり嫌われていると思い、訪ねていくことも控えるようになりました。すると、理紗さんから、今度は、罵《のの》りや怒りのメールが来るようになり、悟朗さんは、一体何にそんなに怒っているのか、益々困惑するばかりでした。二人の関係は、しばらく冷え込み、半年ほど、会わない時期が続きました。

だが、そうして理紗さんから離れてみると、悟朗さんにとっては、理紗さんの存在が、生きる励みになっていたことを痛感するばかりでした。理紗さんのほうは、最初は、「あんなの、いなくなって良かった」と強がっていたものの、何となく寂しそうにしています。

そんなある日、理紗さんの誕生日に、悟朗さんがプレゼントをもって現れたのです。メッセージカードには、理紗さんのことばかり思っていた、君なしの人生は考えられないと書かれていました。二人は、その後ゴールインすることになります。

結局、理紗さんの不機嫌や拒絶的な態度の原因は、悟朗さんが、いつまでも妹のような扱いをして、理紗さんを一人の女性として愛そうとしないことへの苛立ちだったのです。回避性タイプの人は、恋愛感情が生じてくると、わかりにくい反応をすることがあります。自分が相手のことを愛しているということを、素直に受け入れられず、ましてや、そのことを口に出していうことはなかなかできないのです。言ってしまって拒否されたらという恐れや、愛にのめり込み自分のコントロールを失ってしまうことへの不安や、もし不幸になったらどうしようという思いが募って、それなら別れてしまったほうがいいという結論に一足飛びにいってしまうこともあります。

相手のことが好きなのに、相手を拒絶し別れてしまうこともあります。もし結婚して棄てられたらどうしよう、そんなことになるくらいなら、一緒にならないほうがましだ、そう考えて、決断を先延ばしにするというのは、このタイプがよくやる作戦です。無期限延期にして、他の人のところに行けば、それまでだし、いつかそうなって傷つくくらいなら、早くそうなったほうがいいというのが、このタイプの人の計算なのです。

しかし、悟朗さんは結局理紗さんのところに再び戻ってきました。つまり、棄てられて傷つく危険はずっと小さいと、理紗さんは確信することができたのです。

回避性の女性にとって、強迫性の男性の粘りと一貫性は、最初は鬱陶しく思えていても、次第に頼りになるものとして受け入れられていくことが多いものです。強迫性の男性のアプローチを最初は鬱陶しがっていた回避性の女性が、いつのまにかその男性と仲むつまじいカップルになっているということも珍しくありません。回避性タイプの女性は、一度や二度アプローチされたぐらいでは尻込みして断りますが、何度もアプローチされ、自分が傷つく恐れがないことを確信すると、相手を受け入れるようになります。ただし、程よいインターバルが必要です。

ヘルマン・ヘッセと最初の妻マーリアの場合

『車輪の下』などの名作で知られるドイツ出身の作家ヘルマン・ヘッセが、最初の妻となる女性マーリアに出会ったのは、ヘッセが二六歳のときで、マーリアは九歳年上の三五歳でした。マーリアは、学者の家庭に生まれた、内気で神経質な女性で、音楽や読書を好み、芸術的な才能がありましたが、人付き合いは苦手なタイプでした。マーリアの精神的な部分に惹かれたヘッセは、彼女を女神のように理想化し、冷めた目で見れば少し風変わりな女性に我が身を捧げようと思うようになります。

ヘッセにとって、九歳年上のマーリアは、母親代わりの存在でもあり、実際、マーリアしの風貌や趣味は、ヘッセの母親に似たところがあったと言います。ヘッセの収入が安定しないことを理由に、マーリアの父親は結婚に反対し、ヘッセの友人も思いとどまるように忠告しましたが、二人はひそかに婚約します。この婚約時代に、有名な『車輪の下』は書かれました。結婚を祝福するように、前作の『ペーター・カーメンティント』が評判を呼び、やがて経済的にも成功をもたらします。『車輪の下』は、さらなる大きな成功を博しました。こうして、二人の生活は、経済的には安定するのですが、家庭的には暗雲が漂い始めます。

結婚した直後から、マーリアは、身体的、精神的な不調を繰り返すようになり、さまざまな負担がヘッセ一人にのしかかってきたのです。几帳面で、責任感が強く、手を抜くことのできないヘッセは、次々に作品を書く傍ら、家事や生まれてきた子どもの世話、妻の病状の心配と、休む間もなく忙殺されることになりました。ヘッセは、閉塞感やうつに悩まされるようになり、自由を願望するようになります。けれども、道徳的に潔癖で、責任感の強いヘッセは、不安定な妻と別れることができずにいました。ヘッセがようやく離婚を決意して、一六年間の結婚生活に終止符を打ったのは、四二歳のときです。しかし、律儀なヘッセは、別れて後も、病気がちで不安定な元妻の面倒を見続けたのです。

結婚生活は、負担も喜びも公平なものであることが理想です。どちらか一方にばかり負担がかかる関係は、なんらかの歪みを生じてしまいます。責任感の強い強迫性タイプは、じっと耐え忍んで、相手を支えようとしますが、それは心身の不調となってしわ寄せすることにもなるのです。

4 回避性パーソナリティタイプ（女性）回避性パーソナリティタイプ（男性）

なかなか先に進まない

回避性タイプ同士の場合は、なかなか関係が進展しにくいものです。最近は、ネットやメールを介して知り合うことが多いため、この組み合わせも珍しくはありません。ただ、現実の関係に移行することに対しては重荷を感じてしまい、二の足を踏むという場合が多いのです。付き合い始めても、肉体関係や結婚、子作りといった次のステップに進むことに抵抗と不安が強くなりがちです。しかし、時間をかけて関係が成立すると、安定した居心地のいい関係になりやすいと言えるでしょう。

最近増える草食系カップル

最近、草食系男子と呼ばれる回避性タイプの男性が増えていることもあって、草食系同士のカップルも多くなりました。草食系同士の組み合わせは、それぞれのペースをかき乱すことなく、淡泊に生活できるので、お互い気楽に暮らせるようです。欲望もあまり強くなく、性的にも淡泊で、美食や贅沢にもそれほど執着がなく、質素な暮らしにも割合耐性があります。子作りにも、お互いあまり積極的でないので、年収がそれほど多くなくても、生活費もそれほどかからず、それなりに豊かに暮らせるのです。趣味や関心を共有できると一層良いでしょう。

回避性タイプの男性

傷つくことに敏感で、失敗するくらいならやめておこうと思いがちな回避性タイプ。主導権が求められる男性が回避性の場合、デート、セックス、結婚、子作りというステップで二の足を踏んでしまいがちです。

＊回避性パーソナリティタイプ（男性）×依存性パーソナリティタイプ（女性）↓177ページ
＊回避性パーソナリティタイプ（男性）×強迫性パーソナリティタイプ（女性）↓181ページ
＊回避性パーソナリティタイプ（男性）×自己愛性パーソナリティタイプ（女性）↓194ページ

依存性
タイプの
女性

人に嫌われまいかと、いつも相手の顔色を気にする依存性タイプ。かつては日本女性の典型でした。サービス精神旺盛で、周囲は心地よく癒されますが、主体性が乏しく、周囲から支配されやすいのが難点です。

5 依存性パーソナリティタイプ（女性）自己愛性パーソナリティタイプ（男性）

腐れ縁からなかなか抜け出せない

この組み合わせは、相性自体はとても良いと言えます。自己愛性の男性にとって、依存性の女性は、安らげる母親のような存在ですし、依存性の女性にとって、自己愛性の男性は、尊敬する父親か、頼もしい息子のような存在で、求め合うものが合致するのです。依存性の女性が自己愛性の男性の礼賛者《らいさん》になり、奉仕的な関係を結ぶことで、それなりの安定を得ることが多いでしょう。

ただ、問題点もあります。その一つは、依存性の女性自身の主体性が犠牲にされやすいことです。自分は脇役で、主役を盛り立てていけばいいと割り切ることができればよいのですが、主体的な生き方を求めたいと思い始めとき、関係がギクシャクし始めることが多々あります。自己愛性の男性が、どんどん頼ってきて、わがままになり、尽くすことが、かえってマイナスになる場合もあります。そのことに気づいて、関係を解消することもありますが、腐れ縁から抜け出せない場合もあるのです。

ヘミングウェイと最初の妻ハドリーの場合

ヘミングウェイと最初の妻ハドリーの場合も、この組み合わせだと言えます。ハドリーはヘミングウェイよりも八歳年上で、彼にとって、半ば母親のような存在でした。ハドリーは、愛他的で、困っている人を放っておけない性格でした。ヘミングウェイがパリで無《ぶ》頼《らい》の生活を送っていたときも、そばに寄り添って、耐えていけたのは、献身することを支えに生きるという依存性の人特有の傾向をハドリーが持っていたからでしょう。

しかし、その関係も、ハドリーがヘミングウェイの書き上げた作品の原稿を紛失するという事件があった頃からギクシャクし始め、ヘミングウェイの浮気によってピリオドを打つことになりました。浮気が発覚したとき、ヘミングウェイは逆ギレして、不倫を暴いたハドリーのほうを責めたと言います。黙っていれば、二人の女性どちらも愛していられたのにというわけです。
ハドリーは身を引き、離婚に応じます。それも、ある意味、ヘミングウェイへの愛ゆえだったかもしれません。その後、別の男性と再婚し、幸福な家庭を築いています。

しかし、年月を経るごとに、ヘミングウェイのなかで、ハドリーの存在は大きさを増し、再び母親のような特別な存在になっていったようです。ヘミングウェイは、当時を回想し、『移動祝祭日』というエッセーを書き残しています。その作品全体が、パリ時代の賛歌であると同時に、ハドリーと暮らした日々への愛おしさとノスタルジーに満ちています。

6 依存性パーソナリティタイプ（女性）強迫性パーソナリティタイプ（男性）

束縛がむしろ安定につながる

この組み合わせは、相性の良い組み合わせです。強迫性の男性のルールや信念に、依存性の女性が合わせるという形をとりがちです。束縛されること自体が、依存性の女性にとっては、むしろ安定につながるため、強迫性の男性の窮屈さが、さほど苦痛には感じられません。頑固親父と忠実な妻といった組み合わせが代表的です。

ただ、この組み合わせには弱点もあります。強迫性の男性が、ひどく思い詰め、困った方向に暴走してしまったときも、依存性の女性は黙って付き従うだけで、それに異を唱え、ブレーキを掛けるということができないのです。強迫性の男性が求めるままに、良くないことだとわかっていても、応じてしまうということが起こりがちです。

頑固な夫が酒浸りになっていても、それを止めさせることができず、言われるままに酒を買い与えるといった関係は、今でも多く見られます。仕事に熱中して過労になっていても、本人がそれを求めているからと黙認してしまうのです。依存性の女性の大きな弱点は、忠実であることや相手を喜ばせることを優先する余り、それが、もっと大きな視点で見て、いいことか悪いことかの判断ができなくなるということです。

また、強迫性の男性の一途《いちず》さは、義が前提となったものです。相手が従順で、忠実である限り、その愛は不動のものですが、一度その義に背いたとなれば、許せないという気持ちに裏返る危険性をもっています。

瀧井孝作と『無限抱擁』の愛

瀧井孝作という私小説作家がいました。その代表作『無限抱擁』は、瀧井自身の体験がありのままに綴《つづ》られたものです。主人公は、娼妓《しょうぎ》の松子を愛するようになり、松子も主人公を慕うようになります。主人公は多額のお金を工面して、松子を身請けし妻に迎えます。しかし、幸せなときは短く、松子は体を壊し病みついてしまうのです。主人公は、松子の看病に献身しますが、松子は帰らぬ人となってしまいます。遺された松子の母親の面倒を見ながら、主人公は松子を思い、暮らしているという内容です。瀧井自身、この作品には一言一句作り事はないと断言しています。彼は、この通りの一途な愛を松子に捧げ続けたのでしょう。

一度だけの浮気だったが……

同じ職場で知り合った翔太さん（仮名）と麻由佳さん（仮名）は、順調に愛を育みゴールイン、男の子が生まれて、幸せに暮らしていました。麻由佳さんは、結婚を機に仕事を辞めることも考えましたが、将来のために仕事を続けていました。翔太さんは、何事もきちんとした性格で、仕事は勿論、家事や子どもの世話も率先して協力し、共働きの妻を助けていました。非の打ち所がない夫だったと言えます。妻の麻由佳さんも、明るく、よく気がつき、優しい性格の女性です。

夫に対して、これといった不満があったわけではありません。後から考えると、思い当たることと言えば、何でもきちんとした夫を、多少窮屈に感じ、自分を解放する時間があまりなかったことくらいでしょうか。職場で飲み会があったとき、二次会で意気投合した同僚に、帰り道、抱きすくめられ、体を求められたのです。その夜、夫は夜勤の日で、そのことを、相手の男性も知っていました。麻由佳さんは、誘いを断れず、関係をもってしまいます。ところが、その夜、子どものことが心配で、翔太さんは休憩時間に電話をしたのです。出ないことを不審に思い、翌日麻由佳さんを追及した翔太さんは、妻の態度がおかしいことに気づきます。隠しきれずに、麻由佳さんは前夜のことを白状してしまったのです。

それから、一年ばかり、二人は一緒に暮らしていましたが、結局、離婚しました。翔太さんが、麻由佳さんの犯した過《あやま》ちを、どうしても許すことができなかったのです。強迫性タイプの男性の場合、潔癖さゆえに、他のタイプの人なら時間とともに許しが訪れることでも、心理的に受け入れられないということが起きます。その点で依存性タイプの人とは感覚が違うのです。

7 依存性パーソナリティタイプ（女性）回避性パーソナリティタイプ（男性）

まわりのチャチャに邪魔されやすい

共感性が豊かで、人の痛みがわかり、だれに対しても優しい気持ちをもつ依存性タイプの女性は、回避性タイプの男性にとっては救い主のような存在です。自分を見せることに不安を感じ、臆病な態度をとる回避性の男性も、依存性の女性の気安さや話しやすさに呑み込まれるように気持ちをほぐされていきます。ふだんは控えめな依存性の女性も、もっと自己主張が乏しい回避性の男性に対しては、積極的に振る舞うことができ、自分を発揮できるように感じることも少なくありません。そのため、依存性の女性は、回避性の男性といると、意外に居心地よく感じやすいのです。

ただ、このタイプの恋愛がスムーズに展開するかどうかは、回避性の男性が、自分をさらけだせる勇気をもてるかに、また、依存性の女性が、回避性の男性の消極的な態度を拒絶だと勘違いしないかにかかっています。もう一つこのカップルで、しばしば障害になるのは、周囲のチャチャに邪魔されやすいことです。依存性タイプの女性は家族に支配されていることが多く、家族が反対すると、それに同調してしまいやすいのです。また、回避性の男性にも、周囲の反対を押し切ってまでやり通すパワーや精神力を期待しづらいということもあります。その結果、お互いが思いつつも、別れてしまうというケースも少なくありません。

ゴールインまでたどり着くと、この組み合わせのカップルは安定した結婚生活を維持することが多いものです。回避性タイプは、依存性タイプの社交性や許容力を頼りにして、二人でいることが安心だと感じますし、依存性タイプにとっては、回避性タイプの人がしばしば備えている、知的で技能的な能力や理知的な態度に、自分にはない魅力や尊敬を感じます。回避性タイプが、後ろで指示し、依存性タイプが表で言われるとおりに動くというパターンや、回避性の男性を依存性の女性が支えるというパターンがよく見られます。

チャイコフスキーを夢中にさせた唯一の女性デジーレ・アルトー

バレエ音楽『白鳥の湖』や交響曲『悲愴』で知られるロシアの作曲家チャイコフスキーは、子どもの頃から「ガラスのように繊細で」神経過敏でしたが、大人になっても内気で、他人を恐れるところがあり、人付き合いが苦手な回避性タイプの人物でした。一四歳の時に母親を亡くしたこともあり、母親への憧れが強く、特に母親のような美しい手をした女性にこだわりを見せました。五歳年上の歌姫デジーレ・アルトーに夢中になり、珍しく積極的な行動に出て曲を捧げたりしたのも、そこに母親の姿を見ていたのかもしれません。

デジーレもチャイコフスキーを好きになり、順調に婚約にまでこぎ着けたのですが、結局、この恋愛は、アルトーが一方的にチャイコフスキーを捨てる形で終わりを告げてしまいます。アルトーは、ステージママの言いなりになって、別の男と結婚したのです。この事件は、チャイコフスキーにとって深い心の痛手となりました。ホモセクシュアルな傾向をもっていたチャイコフスキーが、たった一度だけ、本気で自ら結婚したいと望んだ女性がデジーレだったのです。

8 依存性パーソナリティタイプ(女性) 依存性パーソナリティタイプ(男性)

狡猾な人たちに二人そろって騙されやすい

どちらも相手の顔色をうかがい、気を遣い合う依存性タイプ同士の組み合わせは、お互いにとっては安心できる関係で、相性は悪くないですが、リーダー役がいないという弱点を抱え、外的な状況に巻き込まれたり、もっと狡猾な人たちに利用されたりしがちです。迷走状態に入っても、そこから脱出することができず、損な役回りを二人で引き受けてしまうということにもなりかねません。

依存性タイプの男性

相手に合わせるのが得意な依存性タイプの男性は、誰にとっても感じのいい存在です。ただ、自分の意思があいまいで八方美人になりすぎて、状況に流されやすく、恋愛でも迷走しやすいところがあります。

＊依存性パーソナリティタイプ（男性）×回避性パーソナリティタイプ（女性）↓159ページ
＊依存性パーソナリティタイプ（男性）×強迫性パーソナリティタイプ（女性）↓186ページ
＊依存性パーソナリティタイプ（男性）×自己愛性パーソナリティタイプ（女性）↓192ページ

強迫性
タイプの
女性

責任感が強く、何事もきちんとやらないではいられない強迫性タイプの女性は、しっかり者の妻となりますが、きちんとしすぎていて、細かいところまで口うるさくなりすぎるきらいがあります。

9 強迫性パーソナリティタイプ（女性）回避性パーソナリティタイプ（男性）

かかあ天下の妻とおとなしい夫

強迫性の女性と回避性の男性の組み合わせは、割に相性のいいものです。かかあ天下になって大人しい夫をコントロールするようになりがちです。しっかりものの女性に、表に出るのが苦手な男性が守られているという構図です。ただ、回避性タイプの男性が自立したいと思うと、強迫性の女性の縛りに合わせて暮らし、支配されるのが段々と煩《わずら》わしくなることがあります。ぎりぎりまで我慢して爆発したり、逃げ出したりということも起こりえます。セックスもきっちり定期的にしないといけないものだと思い、プレッシャーを与えると、回避性タイプの人には重荷になってしまいます。

強迫性の女性は、回避性の男性が何も言わないので、自分のやり方が受け入れられているものと勘違いしがちです。回避性の男性は、わずらわしがらずに意思表示することが大事です。強迫性の女性が縛りすぎず、回避性の男性の主体性を尊重するように接すると、バランスが取れ、手堅い家庭を築いていけます。どちらも余り無駄遣いをせず、堅実なので、経済的にも安定することが多いでしょう。

インポテンスになってしまった夫

二九歳の男性が、一つ年上の妻に連れられて医療機関の外来にやってきました。受診の理由は、夫が妻と夫婦関係をもとうとしないのだが、何か異常がないか調べてほしいとのことでした。泌尿器科的には問題なく、勃起も起こるということで、精神的なことが原因ではないかと、精神科に回されてきたのです。夫はいかにも不安が強く、自信がなさそうな男性で、ことがことだけに借りてきた猫のように小さくなっています。一方、妻のほうは、いかにもしっかり者の様子で、この人を何とかしてくださいと、夫の首根っこを摘《つま》み挙げんばかりでした。

担当した医師は、夫妻にこう指示しました。夫は手や口を使って、妻を愛撫してください。しかし、どんなことがあっても、挿入してはいけませんと。夫妻は、言われたとおりにやってみた結果、行為はうまくいきかけました。夫が妻を愛撫しているうちに、勃起したのです。それを見た妻は、医師の指示を飛び越して挿入するように夫に命じました。夫も言われるままに挿入しようとしたのですが、その途端にダメになってしまいました。それから二度と、夫は妻に対して勃起もしなくなりました。傷ついた妻は夫に離婚を迫り、夫も同意するしかありませんでした。

強迫性タイプの女性は、知らず知らず回避性タイプのパートナーに対してプレッシャーをかけてしまい、相手を萎縮させてしまいます。

10

強迫性パーソナリティタイプ（女性）
自己愛性パーソナリティタイプ（男性）

成功者に多い組み合わせ

しっかり者の妻と、やり手だが遊び人の夫という組み合わせです。成功者には多い組み合わせだと言えます。浪費家で、大言壮語し、大きな夢を追いかける自己愛性タイプの男性と、締り屋で現実的に考える強迫性タイプの女性の組み合わせは、うまく補い合う関係です。ただ、自己愛性の男性が驕《おご》りすぎたり、身勝手すぎると、強迫性の女性からそっぽを向かれることになります。

自己愛性タイプの典型であるビル・クリントンと、頑張り屋で、何でも完璧にやりこなすヒラリー・クリントンのカップルは、この組み合わせだと言えます。成功の階段を駆け上るのに都合のいい組み合わせですが、良いことづくめではありません。家庭向きでない男性のわがままに、苦い思いを味わうことは、ある程度覚悟しなければならないでしょう。

御木本《みきもと》幸吉と妻うめの場合

真珠の養殖に世界で初めて成功し、養殖事業を発展させ、「真珠王」として知られる御木本幸吉は、社会的な才覚と発明家としての才能の両方を備えた、創業者に典型的なタイプの人物でした。うどんの製造販売を営む家に生まれましたが、若い頃から大きな野心と行動力をもち、青物の行商から始めて、米穀商、海産物商と商いを大きくしていったのです。人命救助で名前が有名になると、すかさず、二二歳の若さで、町会議員に立候補し当選、町の名士の仲間入りを果たします。その彼が妻に選んだのは、久米うめという剣道師範の質実剛健な家庭に育った女性でした。

うめは、忍耐に優れた芯の強い女性でした。その後、幸吉は、真珠養殖という途方もない夢を追いかけることになるのですが、四人の子どもを育てながら、根気のいる作業を共に行い、資金繰りにまで駆け回って、夫の事業を支えることになります。しかし、ようやく真珠養殖事業が軌道に乗りかけた矢先、うめは三二歳の若さで、病のため他界してしまいます。そのとき、幸吉は三八歳でした。その後、幸吉は何人かの女性とかかわりをもちますが、生涯、妻として娶《めと》ったのは、うめだけでした。

幸吉が自分を信じ、夢の実現に向かって突き進むことができたのは、自己愛性タイプのもつ万能感の力とともに、常識にとらわれず、自分の関心を徹底的に追及するアスペルガータイプの要素も備えていたからでしょう。夢を追いすぎて足下のことがおろそかになる自己愛性タイプ、夢中になるとほかのことは眼中になくなるアスペルガータイプのいずれにも、強迫性タイプは、よきマネージャー役、ペースメーカー役となりえます。

しかし、成功して自己愛性タイプの男性が驕りすぎ帝王のように振る舞い始めると、強迫性タイプのパートナーと反目するようになる場合もあります。うめの早すぎる死は、不幸なことではありましたが、夫の不倫スキャンダルに悩まされたヒラリー・クリントンのような思いを味わわずにすんだという点では、幸せだったのかもしれません。

11 強迫性パーソナリティタイプ（女性）依存性パーソナリティタイプ（男性）

尻に敷かれても幸福な関係

基本的に、とても相性がいい組み合わせです。強迫性タイプの女性が作ったルールや計画どおりに、依存性タイプの男性が合わせて行動するので、意見の不一致や摩擦が生じることも余りありません。依存性タイプの男性としては、何でもするべきことを決めて、指示してくれるので、自分であれこれ悩まなくて済みます。強迫性タイプの女性にとっては、自分が決めたことをやろうとしていることに、異を唱えられることがないので、とてもやりやすいと言えます。外から見ると、女房の尻に敷かれてと映るのですが、どちらにとっても、安定し、幸福な生活だと言えるでしょう。

ただ、強迫性タイプの女性の支配が強まりすぎると、いくら依存性タイプの男性でも、息苦しく感じてしまうので、注意が必要です。

すれ違いが生んだ幸運

看護師の卵だった菜穂子《なほこ》さん（仮名）が、レジデントの医師だった駿《しゅん》さん（仮名）に出会ったのは、菜穂子さんが二一歳、駿さんが、三〇歳のときのことでした。駿さんは、頭は切れるがおっとりして、気の優しいタイプ。風采はカッコ良いとはいきませんが、気さくで、庶民的な雰囲気をもっています。菜穂子さんは、勉強熱心で、真面目なタイプの学生で、それまで恋愛経験もほとんどありませんでした。実習で何度か顔を合わすうちに、菜穂子さんは、駿さんとなら、あまり気後《きおく》れせずに話ができるのを感じました。菜穂子さんは、駿さんをつかまえて、わからないことを教えてもらいました。駿さんのほうは、控えめだが、しっかりした子という印象をもちました。

実習が終わった日に、菜穂子さんは駿さんに礼を言いにいき、「また教えてもらってもいいですか？」と聞くと、駿さんは、「いつでも来なさい」と言ってくれました。それから、菜穂子さんは、ときたま駿さんを訪ねるようになりました。進路や就職のことも相談すると、忙しい身であるにもかかわらず、駿さんは親身に相談に乗ってくれました。

しかし、それ以上は何も起こらず、菜穂子さんも何かを期待していたわけでもありません。ただ、国家試験の勉強に励みながらも、心のどこかで、駿さんに良い報告をしたいという気持ちがあって、それが支えになっていたことは事実です。

翌春、無事に看護師になった菜穂子さんは、大学病院で働き始めましたが、そこには、駿さんはいませんでした。彼は、地方の病院に赴任したとのことでした。それを知った菜穂子さんは、ショックを受けます。そのとき、初めて、自分が駿さんに恋愛感情を抱いていることに気づいたのです。菜穂子さんは、駿さんの赴任先に、お礼と報告を兼ねた手紙を送ります。間もなく駿さんから、返事が来ました。そこには、合格のお祝いとともに、新しい任地はとても良いところなので、一度遊びに来たらいいと書かれていました。

それから、一年ほどの交際の後、二人は結婚しました。その過程では、駿さんに少し優柔不断なところがあるという別の一面も見せられましたが、菜穂子さんの一念が勝利を収めました。二年後、子どもができたため、菜穂子さんは仕事を辞めて、家庭のことに専念することになりました。いつも家庭の中は、みごとに切り盛りされています。菜穂子さんのサポートで、駿さんも憂いなく仕事に励んでいます。駿さんは子育てにも協力的で、良い父親です。

12 強迫性パーソナリティタイプ（女性）強迫性パーソナリティタイプ（男性）

融通が利かない者同士

この似たもの同士の組み合わせは、合うか合わないかがはっきりしています。考え方や関心を共有し、どちらかが余分に共感性を備え、相手のペースに合わせることができれば、非常にうまくいくことが多いでしょう。一定のルールを作って、互いの領域を侵犯しないようにできれば、居心地のいい関係になることもあります。反対に、どちらもが、自分のやり方やペースにこだわってしまい、そこを譲らないとなると、完全なすれ違いになってしまいます。互いの好みや基準が異なる場合には、強く反発し合うことにもなりかねません。どちらも融通が利かないだけに、関係が煮詰まってしまうことにもなりやすいでしょう。

より社会性に長けているほうがマネージャー役を務め、現実的な能力に劣っているほうが相手に生活面の管理を委ねることで、生活に一定の秩序とリズムが維持され、互いに快適に過ごすことができるようになります。どちらも合わせることができない場合は、それぞれが自分のペースで生活し、お互いの干渉を最小限にすることで、バランスを保つ場合もあります。

ヘルマン・ヘッセと三番目の妻ニノン・ドルビンの場合

小説家のヘルマン・ヘッセが、最後の妻となる女性ニノン・ドルビンに出会ったのは、四九歳のときで、ニノンは二九歳でした。子どもの頃からヘッセの愛読者でもあったニノンは、当時、画家の夫と結婚していましたが、結婚生活はすでに破綻状態でした。そんな私生活の行き詰まりを、古代ギリシャ美術の研究で昇華しようとしていました。二人の間に友情が芽生え、それが愛情に変わるのに、それほど時間はかかりませんでした。

ニノンは行動力のある自立した女性で、精神的にも安定し、物事を取り仕切る能力に優れていました。五〇歳にして、まだ精神的な悩みの尽きないヘッセには、ニノンは実に頼りになる存在でした。ニノンは優れたマネージャーとして、ヘッセの生活全般を仕切り、支配するようになります。体力的にも精神的にも衰えが見えてきたヘッセにとって、それは安心を与えてくれる心地よい支配でした。ニノンは、最後までヘッセのそばに寄り添い続け、彼の後半生を充実したものにするのに、かけがえのない役割を果たしたのです。もしニノンとの出会いがなければ、ヘッセの晩年は孤独で惨めなものとなっていたでしょう。

ニノンとの関係が、理想的なほどにうまく維持されたのには、ヘッセの年齢も大いに関係していたに違いありません。ヘッセがもし、もっと若い時期にニノンに出会っていたら、同じようにうまくいったかどうかは疑問です。すべてを仕切ろうとするニノンの性格を、ヘッセは鬱陶しく感じ、互いのペースが合わずにぶつかるということになっていたかもしれません。

ヘッセのエネルギーが、ペースメーカーになってくれる相手を必要とするくらいまで衰えていたことが、ニノンへの必要度を高め、二人の関係を盤石《ばんじゃく》なものにしたように思えます。

ヘッセとニノンのケースは、不安定な愛着を抱えた者同士が、安定した愛着を育んだ一例でもあります。

強迫性
タイプの
男性

責任感が強く、何事にも筋を通す強迫性タイプの男性は、頑固で、融通が利かない一面をもちます。このタイプの秩序を大切にする信条を尊重してもらえると、恋愛や家庭生活もうまくいきやすいでしょう。

＊強迫性パーソナリティタイプ（男性）×回避性パーソナリティタイプ（女性）→165ページ
＊強迫性パーソナリティタイプ（男性）×依存性パーソナリティタイプ（女性）→174ページ
＊強迫性パーソナリティタイプ（男性）×自己愛性パーソナリティタイプ（女性）→200ページ

自己愛性
タイプの
女性

プライドが高く、完璧なものを求めようとする自己愛性タイプの女性は、素直に弱さが見せられず、男性の扱いに対して意外に不器用なところをのぞかせます。

13 自己愛性パーソナリティタイプ（女性）依存性パーソナリティタイプ（男性）

女王様と下僕

自己愛性タイプの女性と依存性タイプの男性は、相性の良い組み合わせです。自己愛性の女性の自己顕示欲求と、依存性の男性の従順に尽くしたい願望がよくマッチするのです。自己愛性の女性にとって、依存性の男性は、かゆいところに手の届く、孫の手のような存在でもありますし、孤独を慰めてくれるペットのような存在でもあります。一方、優柔不断な依存性の男性にとって、自己愛性の女性は、はっきりした自己主張によって頼りがいのある存在です。

男勝りな自己愛性の女性と、女性的で優しい依存性の男性という組み合わせは、ある部分、理にかなっています。ことに、自己愛性の女性が主人役を演じ、依存性の男性が引き立て役や小姓役に回り、女性のほうが優位な立場で思い通りに支配できるとき、うまくいくと言えるでしょう。依存性の男性は、その支配をあまり鬱陶《うっとう》しがらずに受け入れてくれることが多いからです。

ただ、依存性の男性は、誰にでも優しいという傾向があり、そのことが、独占欲の強い自己愛性の女性には苛立《いらだ》ちを引き起こし、揉め事の原因になりやすいという面があります。また、自己愛性の女性のほうも、その満足を知らない本性ゆえに、常にもっと刺激的でもっと理想的なパートナーを求めているため、新しい相手が現れれば、依存性の男性は捨てられる運命にあります。

ショパンとジョルジュ・サンドの恋

ポーランドの生んだ天才作曲家でピアニストでもあったフレデリック・ショパンと、フランスの小説家であるジョルジュ・サンドのカップルもこの組み合わせでしょう。ショパンは、繊細で不安定な一面と、常にユーモアや冗談で人を楽しませ、明るく振る舞うサービス精神旺盛な一面をもっていました。両親だけでなく姉からも可愛がられて育ったショパンは、甘え上手でした。その反面、人が良すぎて、周囲にうまく利用されてしまうところもありました。回避性や境界性の傾向もありますが、中核的なパーソナリティは依存性タイプだと言えるでしょう。

一方、ジョルジュ・サンドは、その名前が男名であることが示すとおり、男勝りで、活動的で、自立した女性でした。成功した小説家であると同時に、城持ちの貴族の家柄であり、経済的にも豊かで、強い自我と自信をもっていました。典型的な自己愛性タイプの女性だと言えます。

年上だったジョルジュ・サンドは、ショパンにとって、恋人というよりも母親的な庇護《ひご》者でした。毎年夏になると、ショパンはノアンにあるサンドの邸《やしき》で過ごすことを恒例にしていました。八年にわたったサンドとの交際期間は、ショパンにとってもっとも創造的な時間となりました。

しかし、二人の関係は、思いもかけない仕方で終わりを迎えます。その原因は、ジョルジュ・サンドが、若い劇作家に気持ちを移したことでした。ショパンとサンドは訣別《けつべつ》します。ショパンの病が進んだときも、そばに駆けつけ最期を看取ったのは、ジョルジュ・サンドではなく、姉でした。

14 自己愛性パーソナリティタイプ（女性）回避性パーソナリティタイプ（男性）

不完全燃焼になりやすい組み合わせ

回避性タイプの男性にとって、自己愛性タイプの女性は堂々としていて、自信に満ち、まぶしすぎるくらいの存在に思えます。自己愛性の女性にとって、繊細で陰生植物のような回避性の男性は、自分がその人の太陽になりたいと思うような保護本能をかき立てると同時に、支配できそうで支配できないというもどかしさや手応えのなさを感じさせます。自己愛性タイプの女性を中心に関係は動いていき、回避性タイプの男性は、それに巻き込まれる形で、受動的に脇役を演じさせられることになるでしょう。思いも掛けない方向に人生が進んでいくこともありますが、それは、自己愛性タイプの女性と出会っていなければ、起こりえない展開だと言えます。

自己愛性タイプの女性にとって、回避性タイプの男性のエネルギーの低さや他者への関心の乏しさは、物足りなさを覚えるものですが、思い通りになる受動性ゆえに、完全な破綻までは至りにくいと言えます。この組み合わせは、第三者から見ると、自己愛性タイプの女性のお尻に、回避性タイプの男性が敷かれているとしかみえませんが、回避性タイプの男性のほうはむしろ満足していて、不満を感じているのは自己愛性タイプの女性のほうであることが多いものです。どちらも、どこか不本意な、不完全燃焼の人生になりやすい組み合わせでもあります。

画家ユトリロと妻ボーウェルの場合

ユトリロの母親シュザンヌ・ド・ヴァラドンは、モデルから画家になった自己愛の強い女性で、その母親に支配されて育ったユトリロは、自分の意思表示ができない、無口で、人付き合いの苦手な人間に育ちました。典型的な回避性タイプだったと言えます。いつも愛情不足のなかに放っておかれたため、一〇代からアルコール依存症になってしまいます。その治療のためにと始めたのが、絵を描くことでした。そして、ユトリロは自分を表現できる手段を得たのです。

誰にも振り返られなかったユトリロですが、画家として売れ出すと、急に結婚相手の女性が現れます。一二歳も年上の大柄な女性で、半ば経済的な打算もあって、ユトリロに接近してきたのではないかと言われています。ユトリロは、この妻ボーウェルに支配され、「貨幣製造器」として搾取《さくしゅ》され続けることになるのです。

しかし、それは、第三者的な見方かもしれません。ユトリロ自身にとっては、この頑丈《がんじょう》でしたたかな自我をもつ妻にしがみついていることで、安定を得ていたとも言えるでしょう。存在感のある配偶者の横で、影の薄い亭主が、黙々と仕事に励《はげ》んでいるという構図は、それはそれで、一つの幸せの姿かもしれません。

D・H・ロレンスとその妻フリーダの場合

『息子と恋人』『チャタレイ夫人の恋人』などの優れた作品で知られるイギリスの作家D・H・ロレンスは、父親が炭坑夫である労働者階級の家に生まれました。飲んだくれの夫に愛想をつかしていた母親は、子どもたち、なかでも末っ子ロレンスを溺愛《できあい》しました。虚弱で繊細だが成績優秀だったロレンスは、奨学金を得て大学まで進学し、教員となります。二五歳の時、自分の詩が有名な雑誌の巻頭《かんとう》を飾り、また、最初の小説『白孔雀《しろくじゃく》』を完成させますが、その直後、悲しい出来事が待っていました。母親が末期のガンとわかったのです。『白孔雀』の出版は、母親の死に間に合いませんでした。不幸は重なります。二六歳の秋、ロレンスは重い肺炎となり、教職を辞めざるを得なくなってしまうのです。肺炎から回復したものの職を失ったロレンスが、就職の世話を頼ったのが、大学時代の恩師アーネスト・ウィークリー教授でした。

ところが、そこで、思いがけない出会いが待っていました。教授夫人のフリーダと出会ったのです。フリーダは、こう回想しています。

「ほっそりとやせぎすの姿、真っ直ぐに伸びた機敏な足、軽やかで確かな動き。彼は全く、いかにも飾り気のない様子でした。それでいて、私の注意を捉えたのです。目と目が合ったという以上のなにかがあったのです」

一方、ロレンスは、友人にこう書いています。「彼女は素敵です。これまで出会ったこともない素晴らしい女です。目を見はる思いです、本当にそうです……いや、彼女は生涯の女です」と。

このとき、フリーダはロレンスより六歳年上の三二歳、夫との間に三人の子どもがいました。フリーダはドイツの男爵家の出身で、ドイツの大学で教えていたウィークリーと出会って、イギリスに嫁いできていたのです。だが、フリーダにとって、根っからの学者肌の夫との結婚は、期待はずれなものでした。フリーダは、息のつまるイギリスでの暮らしの憂《う》さを晴らすために、度々《たびたび》ドイツに帰り、ドイツには恋人もいました。そのことを、ロレンスは知るよしもなかったのですが。

二人は急速に親密になっていきます。お互いが変化を求めており、お互いが、そのために打ってつけの触媒《しょくばい》となる存在に出会ったかのようでした。フリーダは、愛する子どもたちと別れる苦しさに身もだえしながら、子どもたちを祖父母の手に預けると、ロレンスのもとに走りました。二人は、チャリングクロス駅で落ち合い、前途の困難を予兆するような灰色の英仏海峡を船で渡ったのです。

この駆け落ちは、どちらにも重い代償を支払わせることになるのですが、恋に夢中の二人は、意気揚々と徒歩でアルプスを越え、このうえなく甘美な時間を過ごしました。しかし、そんな二人が抱える現実的な困難や互いの性格的な不一致は、最初から明らかでした。

ロレンスのほうは、禁欲的で、節約好きの努力家で、何事にも手を抜かずにやるタイプでした。一方、フリーダは、乱雑も平気なアバウトな性格で、家事はほとんどできず、気まぐれな浪費と奔放で貪欲《どんよく》な歓びに勇んで身を任せるタイプでした。ロレンスは貧しい身の上から、苦労して大学教育を受けた人物であり、片や欲求不満気味だったとはいえ、経済的な苦労も知らず、呑気《のんき》に暮らしてきたフリーダとは、住む世界が違ったのです。

しかも、もっと二人の運命を過酷なものとしたのは、フリーダが元々ドイツ人だったということです。二年後、フリーダの離婚がようやく成立し、二人が結婚式を挙げた翌月、第一次世界大戦が勃発したのです。敵国となったドイツ出身の妻をもつことは、ロレンスに次第《しだい》に不利な影響を及ぼすことになりました。翌年、刊行しようとした『虹』は、イギリス当局から発禁処分を受けてしまいます。ロレンスは、母国イギリスから立ち退かざるを得ない状況に追い詰められていくのです。

二人は、各地を旅しながら、根無し草の生活を強いられます。それは、ロレンスの健康にも悪影響を及ぼし、寿命を縮めることとなりました。二人の関係は、幾度か危機的状況に陥りました。ロレンスは、こう書いたこともあります。

「彼女は本当に悪魔です。僕は永久に彼女と別れたいと思っているような気がします！彼女はひとりドイツに行かせましょう。僕はよそへ行きます。本当に、もう十分長いあいだ彼女に痛めつけられたのですから。いまだったら、苦しむこともなく、本当に別れることができるでしょう」

しかし、それでも、二人は別れることはありませんでした。それが、果たして幸せだったのか、不幸せだったのかはわかりません。二人の愛情がロレンスの死まで維持されたのは、これほどに傷つけ合ってきた相手を、いまさら失うわけにはいかないという腐れ縁のためだったのでしょうか。臨終《りんじゅう》の日、ロレンスは、フリーダに「僕から離れないでおくれ。

いかないでおくれ」と懇願しました。フリーダは、ロレンスに本を読んでいましたが、苦しそうな彼の顔をみているうちに泣き出してしまいました。それを見て、ロレンスは「泣くな」と有無を言わせぬ調子で言ったといいます。そして、断末魔の苦しみに耐えきれなくなると、モルヒネを打つように頼みました。彼の最期の言葉は、「やっと楽になった」でした。

15 自己愛性パーソナリティタイプ（女性）強迫性パーソナリティタイプ（男性）

わがまま者と律儀な庇護者

律儀で、堅苦しい強迫性タイプの男性は、華やかさを求める自己愛性タイプの女性にとって、やや鬱陶しく重苦しい側面と、良き庇護者となり得る側面をもっています。強迫性タイプの押しつけや支配が強すぎると、自己愛性タイプの女性は息苦しくなり、反発して飛び出してしまいます。強迫性タイプの男性にとっても、自己愛性タイプの女性を忠実に守ろうとしている間はいいのですが、自己愛性タイプの女性のほうが、我が物顔に振る舞《ふま》いすぎ、強迫性タイプの人のルールや信条に背いたことをしてしまうと、関係は終わってしまいます。強迫性タイプの男性が、自己愛性タイプの女性の苦手な実務面を引き受けて補い、自己愛性タイプの女性の引き立て役に回り、自己愛性タイプの女性が、強迫性タイプの男性に敬意と感謝を忘れないでいられると、すばらしい組み合わせになるでしょう。

マーガレット・ミッチェルと夫ジョンの場合

『風と共に去りぬ』の作者として有名なマーガレット・ミッチェルは、物語の主人公スカーレット・オハラにそっくりな、奔放《ほんぽう》で、気ままなところのある魅力的な女性でした。マーガレットの最初の結婚相手は、レット・バトラーを思わせる名うてのプレイボーイで、その名もレッド・アップショーと言いました。けれども、この結婚は短命に終わります。どちらも自己主張が激しく、譲ることを知らないのでは、喧嘩《けんか》別れになってしまうのは必《ひつ》定《じょう》でした。

しかし、その日を待っていた男性がいました。ずっとマーガレットのことを思い続けていた人物で、名前はジョンと言いました。新聞社で編集の仕事をしている真面目《まじめ》な男性でした。忍耐強く、いつも安定していて、常に筋の通った行動をするところは、スカーレットの憧れの男性アシュレーに似ています。マーガレットの再婚は、彼女に大きな幸運をもたらすことになります。

彼女に、『風と共に去りぬ』を書くことをすすめたのも夫でしたし、マーガレットが苦手な編集の面で、大作の構成を助けたのもジョンでした。夫の存在がなければ、作家マーガレット・ミッチェルも、『風と共に去りぬ』も生まれていなかったでしょう。作品は大成功を博し、経済的にも裕福になりますが、マーガレットは、作家としてそれ以上の野心を抱くこともなく、二人はそれまでとあまり変わることのない生活を維持することを優先しました。それは、マーガレットが、夫によって十二分に満たされていたことの表れでもあるでしょう。

二人の結婚生活は、妻の不安定な愛着が、夫の安定した愛着によって癒され、安定化していく過程でもあったのです。

ヘルマン・ヘッセと二番目の妻ルート・ヴェンガーの場合

ヘッセの二番目の妻となったのは、ルート・ヴェンガーという二〇歳過ぎの声楽志望の女性でした。ルートは、すでに有名人となっていたヘッセを尊敬し、ヴェンガー家を訪問してくるヘッセを快く迎えました。四〇歳を過ぎたヘッセにとって、若く、明るいルートは、安らぎと憩いを与えてくれる存在でした。しかし、精神性や共感性という点にはいささか欠け、ヘッセを理解するというよりも、有名人として理想化し、自分が歌手として成功するためにも、夫の名声を利用できるのではといった計算もあって、結婚に至った要素が強かったようです。

恋の幻が去ってみると、二人の間には、真に共有できるものがほとんどありませんでした。ヘッセはすぐに、この結婚が最初の結婚に劣らず失敗だったことに気づきます。ルートと一緒にいることは、波長の合わない音楽を聴かされているようなものでした。ヘッセは、二時間も一緒にいると、逃げ出したくなりました。ヘッセは、講演旅行などで家を空けることが多くなり、ルートとはすれ違いの生活になっていきます。結局、二人の結婚生活は、短期間で破局し、ルートは、歌手として自分の道を模索していくのです。

自分の人生を第一に考え、打算的なところのある自己愛性タイプと、自分の価値観や流儀が明確で、妥協することを知らない強迫性タイプの二人が一緒になったとき、二人の間でしっかり共有できるものがないと、相手は異物とみなされるようになり、拒絶反応を引き起こしてしまいます。

この関係がうまくいくのは、マーガレット・ミッチェルとその夫のように、強迫性タイプの人の生き甲斐が、自己愛性タイプの人を守り、その成功を応援することにあるという場合でしょう。どちらもが、自己確立のために精一杯で、むしろ支えを必要としているケースでは、二人の思いがちぐはぐになってしまいがちです。

銀行員・杏奈さんと同僚・典幸さんの場合

短大を出て銀行に勤務する杏奈さん（仮名）は、美しく気位の高い女性です。仕事もそつなくでき、プライベートも楽しんでいるのですが、さりとて好きな人ができるわけでもありません。同じ行員の典幸さん（仮名）は、杏奈さんより、五歳年上の真面目で責任感の強い男性で、派手さはありませんが、地道に仕事に励んでいました。典幸さんは、杏奈さんに気があり、毎日のように杏奈さんを車で送っていきます。そんな状態が数年続いた後、典幸さんがプロポーズすると、杏奈さんはあっさり断ってしまいました。二人がてっきりゴールインすると思っていた周囲は驚き、理由を聞くと、杏奈さんは、馬鹿馬鹿しいと言いたげに笑い、あんな冴えない人と結婚するつもりはないと、素っ気ない答えが返ってきたのです。

ところが、それから三年ほどして、周囲はもう一度呆気にとられることになります。二人が結婚することになったとの知らせを受けたからです。杏奈さんのことを諦めきれなかった典幸さんは、もう一度杏奈さんにアタックしたのです。すると、杏奈さんは、「どうせ私しかいないと思っていたわ」と言って、プロポーズをOKしたのです。

杏奈さんからしてみると、当初、典幸さんは杏奈さんの理想に叶う相手には見えなかったのでしょう。自分にはもっと素晴らしい相手がいると思い、白馬の騎士が現れるのを待ち続けるのですが、ついにそんな人は現れず、タイムリミットも近づいてきて、もう誰か私に声を掛けて、という事態になったのでしょう。自己愛性タイプの人は、その理想の高さから、恋愛において高望みをし過ぎて、なかなかお相手を見つけることができないという場合も少なくありません。

美しく聡明で、すべての条件が揃っているように見えるのに、恋人ができなかったりするのも、その潔癖で妥協できない性格ゆえです。それゆえ、ずっと思い続け、何度かアタックしているうちに、ＯＫということも起こり得ます。粘りのある強迫性タイプの男性には勝機があると言えます。あんなに嫌って、ボロカスにくさしていたのに、結局、断り続けていた相手の手に落ちたりするものです。

結婚してからは、もちろん、女性が中心に家庭が回ることになります。やっとの思いで手に入れた女王さまに、強迫性タイプの男性は、忠実に仕えることになるようです。

16 自己愛性パーソナリティタイプ（女性） 自己愛性パーソナリティタイプ（男性）

主導権をめぐる権力闘争が起きてしまう

自己愛性タイプ同士も、ありがちな組み合わせですが、自己顕示欲求を双方が満たし合うことは、なかなか難しいと言えます。どちらかが引き立て役やマネージャー役に回らない限り、破綻してしまうでしょう。二人の間では、主導権をめぐる権力闘争が起きることは必定です。どちらも譲らなければ、関係は終わりを迎えます。通常は、より我の強いほうが勝利を収め、破綻を避けるために、もう一方が支配に甘んじるようになります。支配下に置かれたほうは、それまでの自己愛性の傾向が薄れ、依存性や強迫性といった他の傾向が目立つようになります。しかし、一方の自己愛を支えるために、一方が無理を強いられることは避けがたいと言えます。その無理が終幕を用意することになるでしょう。

F・スコット・フィッツジェラルドと妻ゼルダの場合

二〇世紀アメリカを代表する作家の一人、F・スコット・フィッツジェラルドは、裕福な家で甘やかされて育ったボンボンでした。スコットの姉二人が次々と流行病で亡くなったため、ますます過保護に育てられたのです。ところが、彼が一一歳の時、父親の事業が破綻してしまいます。一家は、妻の実家に身を寄せ、不如意《ふにょい》な暮らしを強いられます。そんななか、母親はすべての希望を息子に託すようになります。名門プリンストン大学に進めたのは、運良く祖母の遺産が転がり込んできたお陰です。しかし、戦争が始まったため、スコットは、当時の多くの若者と同じように、退学して軍隊に志願します。最初の小説は、出征の直前に書かれましたが、出版社から送り返されてしまいました。

陸軍士官として内地に勤務していたとき、二二歳のスコットは、一八歳の人目を惹くほど魅力的な女性に出会います。それがゼルダでした。末っ子に生まれたゼルダも、甘やかされた育ち、手に負えないじゃじゃ馬でした。自由奔放に振る舞い、男勝りにタバコを吸い、酒を飲み、目立つことをするのが好きな、社交界の「女王」でした。二人は惹かれ合い、付き合い始めますが、ゼルダは男にかしずくような女ではありませんでした。自分と結婚したければ、それなりの成功と贅沢を、と要求したのです。

スコットはゼルダの心を射止めるためにも、華々しい成功を収める必要がありました。ニューヨークで看板のコピーを書く仕事をしたりしましたが、はした金にしかなりません。一躍《いちやく》名を挙げて、富を手にすることができる方法は、小説を書くことしかありませんでした。送り返されていた『ロマンチック・エゴイスト』という作品を書き直し、タイトルも『楽園のこちら側』に改めて、もう一度出版社に送りました。それが、編集長の目に留まり、出版されることになります。スコットは、一躍注目され人気作家になります。原稿は次々と活字になり、多額の原稿料や印税、映画化権料が、スコットの懐《ふところ》に流れ込んできました。スコットは、プラチナの時計を買うと、ゼルダにプレゼントしプロポーズします。ゼルダは同意しました。

こうして二人の結婚生活が始まるのですが、スコットはゼルダに贅沢な暮らしをさせるために、原稿を書き散らかします。人気作家になったスコットの原稿料は鰻登《うなぎのぼ》りで、豪壮な邸で毎晩のようにパーティを開くという生活が繰り広げられるのです。『華麗なるギャツビー』で描かれた生活は、主人公が独身であるという点を除いて、当時のフィッツジェラルドの生活そのものでした。金も稼いだが、浪費家の二人はそれ以上に使いました。たちまち借金だらけになっていきました。しかも、ゼルダは、そんな生活に満足よりも空虚を感じるようになっていきます。自分も歴史に名を残したいとバレリーナになろうとしたり、パイロットの男性との情事にのめり込むようになるのです。

そこに、一九二九年の大恐慌が襲ってきました。スコットは、時代から見捨てられてしまい、小説もぱたりと売れなくなります。華やかだった暮らしは幻のように消えました。彼はアルコール依存症になり、ゼルダも精神を病んで精神病院に入ってしまいます。

そんなどん底で、スコットは、映画コラムニストとして活動していたシーラ・グラハムという女性に出会います。彼女の強い励ましと厳格な管理のもと、彼は酒を断って、もう一度小説家として再起しようと、『ラスト・タイクーン』の執筆に取りかかります。しかし、五章まで書き上げた一二月のある朝、心臓発作を起こして亡くなってしまうのです。一方、ゼルダは、それから六年半後、精神病院の火災で亡くなっています。華やかな二人の愛の結末としては、想像もできない悲しいものでした。

自己愛性タイプは、大きな成功を成し遂げる力をもっていますが、パートナーがそれを貪《むさぼ》るのではなく、堅固なものに定着していかなければ、すべては泡と消えてしまうでしょう。

自己愛性タイプの男性

自信過剰気味で野心家の自己愛性タイプの男性は、押しも強く、頼りがいのある存在ですが、思いやりのなさが難点です。自分の夢や欲求を優先し、パートナーや家庭のことも、つい忘れてしまいがちです。

＊自己愛性パーソナリティタイプ（男性）×回避性パーソナリティタイプ（女性）↓161ページ
＊自己愛性パーソナリティタイプ（男性）×依存性パーソナリティタイプ（女性）↓172ページ
＊自己愛性パーソナリティタイプ（男性）×強迫性パーソナリティタイプ（女性）↓183ページ

反社会性タイプ

危険な刺激を求め、大胆で勇気のある反社会性タイプの人は、強くてカッコいい存在です。しかし、その大胆さや危険への無頓着さは、周囲の人を傷つけてしまう場合もあります。

17 反社会性パーソナリティタイプ 自己愛性パーソナリティタイプ

激しい恋の後は地獄のような日々に

どちらも自己主張が強く、自己本位なこの組み合わせは、一時的な激しい恋になることはあっても、長続きは難しいと言えます。スカーレット・オハラとレット・バトラーの恋のようなもので、激動の時期には、反社会性タイプの行動力や生活力は頼もしく、理想的な存在に思えますが、平穏な家庭生活では、浮気性で乱暴なところが許せなくなり、理想とはほど遠く思えてしまいます。どちらも妥協を嫌うだけに、破綻は目に見えています。もし世間体のためや経済的事情のために別れることもできなければ、それは地獄のような毎日になるでしょう。

マーガレット・ミッチェルと最初の夫レッド・アップショーの場合

先に述べたマーガレット・ミッチェルと最初の夫レッドのカップルの顛末《てんまつ》は、こうしたケースの一例だと言えます。レッドは大学を中退したのち、定職に就かず、酒浸りのアルコール依存症になって、密造酒の運び屋の仕事に手を染めていました。アウトローで行動力があり、乱暴だがセクシーで、危険な魅力をもつレッドは、レット・バトラーそっくりの男性だったと言えます。良家の令嬢だったマーガレットですが、出会った日からレッドに惹かれていきます。母親を亡くしたばかりの心の空虚も手伝っていたのです。しかし、先は見えていました。結婚しても、レッドはろくに家に帰ってこず、たまに帰ってきたらケンカという繰り返しの末に、二人は離婚に至っています。

ヘミングウェイと三番目の妻マーサ・ゲルホーンの場合

『武器よさらば』『誰《た》が為《ため》に鐘は鳴る』といった傑作で名高い小説家ヘミングウェイと戦争は切っても切れない関係があります。この二つの作品も、自分自身が志願兵や取材記者として戦地に乗り込んだ体験が下敷きになっています。大した武装もなしに、前線に近づこうとするなど、極めて危険なことを平気でやっていました。砲弾が飛び交うなか、他の人が防空壕やテーブルの下に逃げ込んでいるというのに、ヘミングウェイは平然と食事を続けていたといいます。闘牛に興味をもち、アフリカに猛獣狩りにも出掛けています。自ら飛行機を操縦し、何度か墜落しています。危険に対する感覚が常人とはおよそ違っていたという点で、反社会性タイプの人物だったと言えるでしょう。

そのヘミングウェイの三番目の妻となる女性、マーサ・ゲルホーンは、作家志望のジャーナリストで、ヘミングウェイと出会ったとき、自分自身もすでに本を出版していました。極めて野心的かつ行動的な女性でしたが、ヘミングウェイに接近してきたのも、有名人の夫を野心の道具に使おうという魂胆《こんたん》がなかったとは言えません。マーサにとって、自分のキャリアのために夫を利用しこそすれ、夫のために自分のキャリアを犠牲にすることは考えられないことでした。典型的な自己愛性タイプの女性だったと言えるでしょう。

案の定、二人の結婚は、ヘミングウェイの四回の結婚のなかで、もっとも不幸で、もっとも短命なものとなります。お互いにすれ違いの生活になり、たまに顔を合わすと激しいケンカをするというありさまでした。『誰が為に鐘が鳴る』以降、大した仕事もしないヘミングウェイに比べて、マーサのほうがジャーナリストとして活躍していたことも、ヘミングウェイには苦々しいことでした。妻の成功さえ面白くないという点には、ヘミングウェイのもう一つのパーソナリティ特性である自己愛性の傾向がよく出ています。自己愛性同士の関係は、どちらかが譲らない限り、強く斥《しりぞ》け合う運命にあるのです。

18
反社会性パーソナリティタイプ
回避性パーソナリティタイプ

不幸な出会いになりやすい

回避性タイプと反社会性タイプの接点は少なく、出会うことは稀ですし、一般に、波長も合いにくいと言えます。しかし、何かの拍子に関わりができると、回避性タイプは、反社会性タイプの行動力や勇気に魅力を感じる一方、反社会性タイプのほうは、自己主張が乏しく、受動的な回避性タイプをコントロールしやすいと感じ、縛られることもないので気楽だと感じて関係が続くことがあります。ヤクザ者に支配され利用される、内気で気弱な女性という組み合わせが典型で、幸福な関係とはなりにくいと言えます。

19　反社会性パーソナリティタイプ　強迫性パーソナリティタイプ

水と油の関係

強迫性タイプと反社会性タイプは、水と油の関係で、どちらも相手に魅力を感じにくいうえに、相手に合わせようとはしないため、恋愛関係にはなりにくいと言えます。間違って結ばれたとしても、強迫性タイプは、反社会性タイプの口先だけの態度やいい加減さに愛想を尽かし、反社会性タイプは強迫性タイプの口うるささにうんざりして、長くはもたないでしょう。ただし、稀に強迫性タイプの粘り強い調教によって、反社会性タイプの不安定な暮らしが落ち着くケースがあります。

20 反社会性パーソナリティタイプ 依存性パーソナリティタイプ

相性はいいけれど利用されやすい

依存性タイプの人にとって、反社会性タイプの人は、とても頼りがいがあり、タフな存在で、魅力的に感じることも多いものです。心の中で、最初は反発を感じていても、一旦、関係を結んでしまうと、強く支配されるようになります。反社会性タイプの人に強く影響され、犯罪の片棒を担ぐようなことも珍しくありません。反社会性タイプの人を庇《かば》い、自分が罪をかぶるというケースもあります。しかし、反社会性タイプのほうは、依存性タイプの相手に罪を被《かぶ》せても平気です。依存性タイプの人がいくら尽くしても、都合が悪くなると、さっさと捨てて、もっとメリットのある、別の相手に簡単に鞍替《くらが》えしたりします。

依存性タイプの人は、反社会性タイプの人にとって、その優しさや受容的なところが心地よい膝枕《ひざまくら》のような存在です。同時に、支配しやすく搾取しやすい〝いい獲物〟だと言えるでしょう。

写真家ロバート・キャパと愛人イレーン・ジャスティンの場合

危険な戦場に自ら乗り込み、センセーショナルな戦場写真を撮り続けた写真家ロバート・キャパは、危険なスリルなしでは生きられなかったという点で、反社会性タイプの人物でした。ロバート・キャパという名前自体も、無名のハンガリー人のカメラマンでは写真が売れないため、金持ちで有能なアメリカ人のロバート・キャパという架空の人物をでっちあげ、神秘めかした伝説に仕立て上げていったものです。名前が売れて高額な取材費を手にするようになってからも、その金は、大抵取材のためではなく、ギャンブルと酒に消えました。

キャパは、家庭に縛られることを拒否しました。行く先々に愛人がいましたが、ロンドンでいつもキャパを待っていたのは、イレーン・ジャスティンという美しく、一緒にいて楽しい女性でした。イレーンには、空軍パイロットの夫がいましたが、冷えたシャンパンと二人っきりになれる部屋を用意して、キャパを待っていました。夫とも離婚したイレーンは、キャパに結婚を迫るようになります。だが、縛られることの厭なキャパは、イレーンの魅力に未練を感じつつも、次第に足が遠のいていきました。何年も待たされたイレーンも、とうとう痺れを切らして別の軍人と再婚してしまいます。

これも必然的な結末でした。依存性タイプの人は、一人で生きていくのが苦手なので、そばにいてくれる間は尽くし続ける一方で、一人にされると、他の誰かに頼らずにはいられないのです。

21 反社会性パーソナリティタイプ アスペルガータイプ

波長が合いにくい

いつもハラハラする刺激を求め、本能のままに生きることを愛する反社会性タイプと、物静かに自分の関心領域に没頭することを好むアスペルガータイプでは、価値観も感性も行動パターンも違いすぎ、波長が合いにくいものです。通常は恋愛として成立しにくい組み合わせです。ただ、稀に自分にないものをもつ者同士が、一時的に惹かれ合うということが起きます。しかし、一緒に暮らしていくうちに、ライフスタイルの違いが歴然として、行き詰ってしまいやすいでしょう。

22 反社会性パーソナリティタイプ 反社会性パーソナリティタイプ

強い絆を結ぶ関係

社会の常識的価値観に背を向け、危険な冒険へと飛び込んでいこうとする衝動を共有する二人は、日常的な世界では考えられないほど、強い絆を結ぶことがしばしばです。強固な自我と奔放な本能を備えているがゆえに、正面からぶつかり合うことや、気まぐれな裏切りも起こりますが、深く信じ、愛し合うようになると、その関係は揺るぎないものになり、自分の身を投げ出して敵と戦い、愛する者を守ろうとする強さを示します。革命家チェ・ゲバラと最初の妻イルダも、この組み合わせのカップルだと言えるでしょう。

ロバート・キャパと妻ゲルダの場合

写真家のロバート・キャパの無名時代から行動を共にし、キャパに名声をもたらすうえで、大きな役割を果たしたのは、ゲルダ・ポホリレという赤毛の小柄な女性でした。ゲルダは、反ナチ活動で逮捕されたこともある左翼の活動家でした。小さな体には、強い信念とエネルギーが詰まっていました。美しく、溌剌《はつらつ》としたゲルダに、女好きのキャパは、すぐさま惹かれます。一方、ゲルダのほうは、キャパを「女ったらしの悪党」と見なして警戒しつつも、キャパの写真に対する情熱やカリスマ的な魅力に、きっと成功する人物だという思いを強くしていきました。ゲルダは、酒やギャンブルに溺れがちなキャパに喝《かつ》を入れて、プロの写真家として一人前になれるように立ち直らせていったのです。キャパは、ゲルダのことを「ボス」と呼び、ゲルダの指示には素直に従ったと言います。

二人は、それぞれ通信社に職を得ると、役割を分担して、アメリカからやってきた有能な謎の写真家ロバート・キャパという架空の人物を作り上げ、その部下として活動し始めます。販売を担当したのがゲルダで、相場の二倍で写真を売りさばいたといいます。暗室係がキャパでした。

その頃には、ゲルダも写真を撮るようになっていましたが、ゲルダが撮った写真も、キャパの名で売られました。二人は金になる写真を求めてスペインへと向かいます。スペインでは、内乱が起きていたのです。命知らずに前線に出向き、そこで撮影した「崩れ落ちる兵士」という写真は、一大センセーションを巻き起こし、キャパの名は一躍有名になります。大成功でした。

再度、二人はスペインに戻ります。さらに危険を冒し、激しい戦闘の写真を撮ると、フィルムを届けるために、ゲルダを残してキャパだけが、一旦パリに戻ったのです。しかし、キャパがスペインを離れている間に悲劇は起きました。ゲルダが、空襲のさなか、暴走した味方の戦車とトラックに挟まれ、内臓破裂で亡くなったのです。ゲルダの死は、キャパを打ちひしぎました。キャパは生涯、ゲルダを守れなかったことで罪悪感に苛《さいな》まれることになり、益々アルコールに溺れるようになって、命知らずな行動に出るようになります。まるで、死に場所を捜すかのように。ゲルダの死から一七年後、キャパは、ヴェトナムの前線で戦闘場面を撮影中に、迫撃砲に左脚を吹き飛ばされて、命を落とすことになるのです。

境界性
タイプ

愛情飢餓と自己否定を抱え、絶えず絶望の淵をさまよっているこのタイプは、見捨てられることに過敏で、少しでもその兆候を嗅ぎ取ると、自暴自棄になりやすく、愛情生活は波乱に富むでしょう。

23
境界性パーソナリティタイプ
自己愛性パーソナリティタイプ

愛情と関心を奪い合う

この組み合わせは、一時的に燃え上がる恋になることはありますが、どちらも自分に関心を向けてもらいたいという欲求が強く、関心を奪い合う関係になってしまいます。そうなると、自己愛性タイプにとって境界性タイプは重荷でしかなくなり、関係は破綻してしまうでしょう。

うまくいくために、大抵の場合、境界性タイプのほうが主役の座を諦めて、相手を崇《あが》め、奉仕する側に回ることになります。しかし、心のなかに強い空虚を抱えた境界性タイプは、自己愛性タイプに劣らず、関心や愛情を求め、自分もかまわれていたいという思いを抱えているものです。ところが、自己愛性タイプが愛しているのは、所詮、自分自身でしかありません。自己愛性タイプに身を捧げることで、見返りに愛を得ようとした境界性タイプは、やがてその見返りが得られないことに気づくのです。境界性タイプの心が砂漠のように枯れ果てたとき、今度は、愛を奪い続けた自己愛性タイプに対して怒りを抱くようになります。諍《いさか》いが繰り返され、生活は行き詰まります。

映画監督と女優、芸能人やアーティストの間の恋愛では、こうした関係がしばしば見られますが、どちらかが引き立て役に徹し、そのことに満足できない限り、難しい組み合わせだと言えるでしょう。映画監督のロジェ・ヴァディムと女優のジェーン・フォンダや、中森明菜さんと近藤真彦さん、最近では、沢尻エリカさんと、映像クリエイターの高城剛さんといったカップルは、この組み合わせだと推定されます。

ロダンとカミーユ・クローデルの場合

彫刻家オーギュスト・ロダンとその弟子で愛人だったカミーユ・クローデルは、この組み合わせだと言えるでしょう。ロダンは、カミーユが現れたとき、師として、彼女の独自の才能を伸ばすことよりも、カミーユの美しい肉体をモデルとして利用し、自分の芸術への新たな刺激剤にすることに熱中しました。カミーユは、ロダンのために何時間もポーズを取り、ロダンの愛を受け止めたのです。しかし、カミーユが妊娠したとき、ロダンは責任を取ろうとはせず、カミーユは、片田舎のいかがわしい堕胎医によって屈辱的な手術を受けざるを得ませんでした。

カミーユの才能はロダンによって搾《しぼ》り取られ、ロダンの子の母となることも許されず、不安定になったカミーユは見捨てられたのです。カミーユは精神病院で生を終えました。

24 境界性パーソナリティタイプ　回避性パーソナリティタイプ

あっという間に終わりやすい

回避性タイプの受動的でさっぱりしたところが、境界性タイプにとっては居心地よく感じられ、回避性タイプにとっては、境界性タイプのサービス精神があって、表現力が豊かな点が魅力的に感じられます。しかし、大抵、関係はあっという間に終わってしまいます。境界性タイプが、ネガティブな面を出した途端、傷つくことに敏感な回避性タイプは、恐れをなしてしまい、それだけで関係を継続する気持ちをなくしてしまうのです。境界性タイプとしては、肩すかしを食らったようなもので、相手からの反撃を待っているのですが、もう相手はすっこんでしまっていて、試合にならないのです。

回避性タイプは、境界性タイプが急に親しさを求めてくることに対して、戸惑いや不安を覚え、引いてしまうことも少なくありません。境界性タイプのペースに乗って、関わりが始まると、回避性タイプは、境界性タイプに主導権をとられ、振り回されてしまいます。回避性タイプのほうはすぐに疲れてしまい、あるいは傷ついて、関係が途絶えやすいと言えます。

境界性タイプのほうも、反応の乏しい回避性タイプに対して、物足りなさを覚え、関係が消滅することになります。

麻薬中毒で早逝《そうせい》した歌手ジャニス・ジョップリンと、世界を放浪していてジャニスに出会ったデイビッドのカップルは、この組み合わせだと推定されます。

チャイコフスキーと妻アントニーナの場合

二人の関係は、一通の熱烈なファンレターから始まりました。チャイコフスキーは、三〇代も半ばを迎え、結婚や家庭生活に憧れていましたが、踏み切る勇気がもてずにいました。そのファンレターに興味を惹かれたチャイコフスキーは、返事をしたためます。文通が何度かかわされた末、愛を最初に告白したのは相手の女性、アントニーナからでした。彼女は、古くからの貴族、ミリュコーヴァ家の令嬢でしたが、自分から一万ルーブルの相続財産があることまで仄《ほの》めかし、チャイコフスキーの気を惹こうとします。若くて美しく、モスクワ音楽院でも学んだことのある令嬢が言い寄ってきたのです。経済的にも行き詰まっていたチャイコフスキーにとっては、まさにカモネギかタナボタの話で、大いに心をくすぐられたでしょう。ついに、チャイコフスキーは結婚する決心をします。

しかし、心は弾まず、むしろ不安のほうが強かったようです。結婚式を挙げ、ペテルブルクに向かう列車で二人きりになったのですが、チャイコフスキーは、そのプレッシャーに耐えられず「泣きそうになった」と言います。幸い、偶然乗り合わせた知人が、その場を救ってくれたのですが、チャイコフスキーは、アントニーナと二人きりになると考えただけで、ひどく重荷に感じてしまったのです。さらに悪いことに、アントニーナのほうは、ひときわ愛情に貪欲で、敏感な女性でした。貴族の令嬢や一万ルーブルの遺産というきらびやかな外見とは裏腹に、その内実は、離婚した両親が財産をめぐって争う間で、たらい回しに合いながら育っていたのです。音楽を学んだとはいえ、ピアノもない貧しい暮らしをして、自活した時期もありました。そんなアントニーナのなかで、チャイコフスキーはすっかり理想化され、彼女のすべてを受け止め、愛情で包んでくれる存在になっていたに違いありません。

ところが、現実のチャイコフスキーは、アントニーナと二人っきりになることさえ、息が詰まるように感じてしまうのです。まったくの悲劇でした。しかも当てにしていた相続財産はだまし取られて、なくなってしまいます。共に暮らしたのは、三三日だけという短さで、結婚生活は幕を閉じたのです。

チャイコフスキーはこう記しています。「僕の生来の資質に見合うもの以外になろうとするほど、無益なことはない」と。その後も離婚交渉は難航、アントニーナはチャイコフスキーにまとわりつき、チャイコフスキーは長く悩まされることになるのです。

25 境界性パーソナリティタイプ 強迫性パーソナリティタイプ

繊細なご主人様と忠犬ハチ公

常に一定して変わらないという特徴をもつ強迫性タイプは、逆に変動しやすく、常に愛情を失うのではないかと不安を抱きやすい境界性タイプにとって、少し窮屈で刺激が乏しい面もありますが、願ってもない〝安全基地〟になってくれます。不安定な境界性タイプを、強迫性タイプの人が根気よく支え続け、ついには安定に至るという状況に、しばしば出会います。

こうした関係が、お互いにとって幸福かどうかはともかく、一旦関係が出来上がると、長年維持されることが多いのです。そうした関係のなかで、境界性タイプの人は、次第に改善し、変動しやすかった気持ちが、すっかり安定することもよく経験します。相手に見捨てられるのではないかと、いつも不安がつきまとう境界性タイプの人にとって、捨てるのが苦手で、一つのものをずっと守り続ける習性をもった強迫性タイプの人は、願ってもない救世主となり得るのです。

一方、強迫性タイプの人にとっては、自分と正反対に軽やかで、自由な感性をもつ境界性タイプの人は、とても魅力的に映ります。些細なことで傷つきやすい点も、鈍重《どんじゅう》なところのある強迫性タイプの人にとっては、新鮮に感じられます。忠犬ハチ公のような強迫性タイプの人は、繊細なご主人様を、守ろうと必死になるのです。

この組み合わせのカップルとしては、文豪ドストエフスキーの原稿の筆記をしていて、二番目の妻となったアンナ、女流作家ヴァージニア・ウルフを支えた夫のレナードなどが挙げられます。

太宰治と二番目の妻、美知子の場合

太宰治は、最初の妻と別れた後、井伏鱒二《いぶせますじ》の媒酌で、林美知子という女性と甲府で祝《しゅう》言《げん》を挙げました。美知子は、高等師範（現お茶の水女子大学）を出て、教師をしていた女性で、性格も考え方もしっかりしていました。美知子の支えにより太宰の生活は安定し、戦争に向かう暗い時代を、むしろ平穏に過ごすことができたのです。戦時中の太宰は、逆に家族を大切にしようという気持ちが強まり、一人の夫、父親として生きたと言えます。その安定が再び崩れていくのは、終戦により生家が没落していくという状況と、戦後の混乱の中においてでした。太宰のアイデンティティは、美知子の支えによってはどうにもならないほど、再び深刻な危機を迎えるのです。

地獄まで一緒に堕ちていく

献身的に支え続ける依存性タイプは、境界性タイプにとって、甘えやすく、コントロールしやすい存在です。境界性タイプは、依存性タイプにとって、放っておけない気持ちにさせられ、守ってあげたいと思う、相性のいい組み合わせです。

ただ、依存性タイプの人は、境界性タイプの人に振り回され、一緒に揺れてしまいます。境界性タイプのわがままをどんどん受け入れていき、最後に支えきれなくなって、共倒れということになりやすいのです。

また、依存性タイプの人自身も支えがほしいのですが、変動しやすい境界性タイプの人が、支えとしては次第に頼りなく感じられがちです。そのため、互いが嫌いなわけではないのですが、二人の関係は疲れ果て、行き詰まり、どんどん深みにはまっていきやすいと言えます。

依存性タイプの人の曖昧な態度や、誰に対しても優しい八方美人なところが、境界性タイプには不安をかき立て、許せなく思えてしまうこともあります。そうならないためには、境界性タイプの人が、依存性タイプの人に甘えすぎないようにすることが必要ですし、依存性タイプの人も、境界性タイプの人の求めるままになりすぎない強さが必要です。この組み合わせのカップルとしては、作家島尾敏雄と妻ミホや、画家モディリアーニと妻ジャンヌが挙げられます。

太宰治と最初の妻、初代の場合

太宰治の最初の妻となった女性は小山初代といい、弘前《ひろさき》で芸妓《げいぎ》をしていました。母子家庭で育ち、頼れる人とみると、無心に尽くすタイプの女性でした。弘前高校の学生だった太宰は、初代に惚れ込み、東大仏文科に入学した年に結婚しようとしますが、貴族院議員も務めた父はそれを認めず、津島家からの分家除籍という条件を出してきます。事実上の勘当《かんどう》です。父親に認めてもらえないことを、ずっと引きずり続けていた太宰にとって、この仕打ちは、太宰の見捨てられ不安を煽《あお》ることになり、初代と一緒になることを選んだものの極度に不安定となります。そして、こともあろうに、祝言の直前、行きずりの女と心中しようとし、女だけが亡くなるという事件を起こしてしまうのです。

そんなふうに始まった、初代との結婚生活は、幸福とはほど遠いものとなりました。太宰は、父親への反発と腹いせから、学業をそっちのけで非合法活動に加わり、自殺を企て、薬物中毒になり、大学も卒業できませんでした。そんな太宰に、初代は忍耐強く尽くし続けましたが、初代も若い生身の女です。初代は、太宰が目をかけていた年下の男と間違いを犯してしまいます。そのことを知った太宰は、強い衝撃を受け、初代と睡眠薬自殺を図るものの、未遂に終わります。結局、二人は、この後、別れることとなってしまうのです。

太宰治と心中相手の山崎富栄《とみえ》の場合

太宰が、最後に愛し、玉川上水で心中を遂げた女性は、山崎富栄といい、やはりこのタイプの女性でした。彼女にとって太宰は、出身の家柄の点でも、作家という仕事の点でも、住む世界の異なる、光り輝くような存在でした。富栄にとって、太宰のそばに仕え、身の回りの世話をすることは、それだけで他に変わるもののない喜びだったのです。太宰が再び死へと滑り落ちていったとき、それを止めようとするよりも、喜んで付き従うことを選んだのは自然なことだったのかもしれません。

27 境界性パーソナリティタイプ 反社会性パーソナリティタイプ

息もつけない修羅場が繰り返される

この組み合わせも、破滅型の組み合わせだと言えます。どちらも、心の中に空虚感や傷を抱え、似たものを感じて、強く惹かれ合うことも少なくありません。しかし、そこで繰り広げられるのは、幸福とはほど遠い光景です。二人とも、自暴自棄なところを抱え、衝動的で、感情の起伏も激しいため、愛情を激しく貪り合ったかと思うと、次の瞬間には大げんかが始まるという息もつけない修羅場《しゅらば》が、毎日のように繰り返されることになります。その挙げ句、どちらも嫌気をさして、終わりを迎えるのです。

しかし、もっと悪い場合には、反社会性タイプの人が、境界性タイプの人を利用しようとして、放そうとしないという場合もあります。境界性タイプにとって、見捨てられないことが何より大事なので、奴隷のような状況に安住してしまうこともあるのです。ときには、この状況が続いた挙げ句、お互いに安定し、回復を遂げることもあります。

元アイドル歌手がワルの手に落ちるのは…

元アイドル歌手の女優が、覚醒剤取締法違反で逮捕されるという事件が、少し前に世間を賑《にぎ》わせましたが、歌手や女優には、依存性タイプや次章に述べる演技性タイプの人が多いものです。愛着スタイルも不安型の不安定さを抱えていることが少なくありません。

その女優の場合も、二歳の時に両親が離婚し、母親も早く病死したため、親戚の元に預けられ、心細い境遇で育ったとのことです。いつも周囲の顔色を見て、気に入ってもらうように振る舞うといった状況は、サービス精神の旺盛な依存性の傾向や周囲の関心を惹きつける演技性の傾向を育みます。

しかし、見かけの明るさとは裏腹に、心に深い愛情飢餓と空虚感を抱えてしまいます。

そのため、薬物にも陥りやすいのです。このタイプの女性は、傷を共有できる存在を求めるとともに、強い存在に守ってほしいという願望をもつため、いかにも危なそうな、反社会性タイプの男性に惹きつけられてしまうこともよくあります。そして、一旦関わりをもち始めると、その色に染められ、一生を台無しにされることも珍しくありません。

28 境界性パーソナリティタイプ 境界性パーソナリティタイプ

破滅へと転がり落ちないために

破滅型の典型的な組み合わせです。心の傷を共有し、お互いの気持ちが痛いほどわかるので、たちまち惹かれ合うことも多いのですが、どちらも自己否定と破滅願望をもっているうえ、感情のコントロールが弱く、衝動的なため、危うい部分が共鳴し合うと、転落へと転がり始めます。それを防ぎ止めるには、お互いが相手に頼りすぎないようにし、精神的な自立を遂げることが大事です。

演技性
タイプ

外見やセックス・アピールにこだわり、注目が何よりも心の栄養となる演技性タイプは、恋の相手としては最高ですが、家庭生活には収まりきらないところがあります。

29

演技性パーソナリティタイプ
自己愛性パーソナリティタイプ

ゴシップ記事のような恋愛

この組み合わせでは、自己愛性の人の高い能力と自信に、心のうちには心細さを抱える演技性タイプの人が惹きつけられます。一方、自己愛性タイプの人も、演技性タイプの人の外見的な魅力や表現力、甘え上手なところに悩殺されます。自己愛性タイプの人が、それなりの経済力や社会的地位をもっている場合には、トントン拍子に関係は進みます。

しかし、自分が主人公で、いつも賞賛がほしい自己愛性タイプと、内面に、淋しさや空虚を抱え、こちらも、自分だけに関心をそそいでほしい演技性タイプの欲求は、所詮すれ違う運命にあります。

自己愛性タイプの人は、魅力的な演技性タイプの人を征服し、手に入れることに満足すると、後はみるみる関心をなくし、都合の良いお手伝いさんか、家庭内娼婦でいてくれれば、それでいいのです。必要なときだけ、キッチンで食事を用意してくれたり、ベッドで欲求を満たしたら、後は知らん顔で、自分のことにかまけるばかりです。そんな生活に、演技性タイプの人は、次第にフラストレーションを溜めていきます。演技性タイプの人に、依存性の傾向が強い場合は、まだバランスがとりやすいですが、演技性タイプの人も自己愛性の傾向が強い場合には、主役争いが起きて、関係が持続するのは難しいと言えます。

演技性タイプは、魅力的なだけに他にもっとよさそうな人との出会いがあれば、気を移すということも起こります。また、行動力や知恵があるので、自分が不利にならないように、巧みに自己愛性タイプ側の非を突いて〝被害者〟を演じ、たっぷり慰謝料をとって離婚が成立してから、新しい恋人ができたように見せかけるといったケースもあります。

実業家や監督と女優やタレントのカップルには、この組み合わせが多いようです。

音楽家ワグナーと最初の妻ミンナの場合

二一歳のワグナーは、仕事を探していました。大学を中退し、合唱指揮者の仕事にありついたものの、一年の契約が終わってしまったのです。歌劇『妖精』を完成させたものの、上演先の歌劇場も見つかりません。そんなとき、ベートマン劇団という地方の施設劇団から指揮者の仕事の誘いがきます。喜び勇んで駆けつけたワグナーでしたが、俳優も演奏の質も、惨憺《さんたん》たるものでした。一日で辞めて帰ろうと思っていたときに、美しい女性に出会います。劇団の看板女優ミンナでした。一目ぼれしてしまったワグナーは考えを変え、指揮者の仕事を続けることにします。

ミンナは、ワグナーより四歳年上の二五歳、しかも九歳の娘がいるシングルマザーでしたが、そんなハンディも、ミンナの魅力を削《そ》ぐことはありませんでした。しかも、ミンナは他の男優たちとも火遊びをして、ワグナーを嫉妬で狂わせます。一度は、ミンナが劇団から飛び出してしまうという騒動にまでなりました。

それでも、ワグナーの精力的なアタックに、ミンナはついに軍門《ぐんもん》に下ります。出会いから半年後、二人は婚約したのです。ところが、劇団が経営難で解散になると、ミンナは他の劇団に移ってしまいます。ワグナーも後を追うように同じ劇団に移ります。ミンナの気まぐれに翻弄《ほんろう》されてきたワグナーは、結婚を急ぎ、こうして二三歳のワグナーと二七歳のミンナは、結ばれたのです。

しかし、ミンナもワグナーも、わがままな浪費家でした。収入以上の華やかな生活をしたため、あっというまに借金地獄になってしまいます。しかもミンナは、劇場を勝手に辞めて、故郷に帰ってしまいます。ワグナーも劇場を辞め、ミンナを追いかけます。やっとの思いでリガの劇場に指揮者の仕事を見つけ、契約まで済ませますが、出発直前に、ミンナは他の男といなくなってしまうのです。ワグナーは仕方なく一人リガへと旅立ちます。そんな仕打ちを受けても、やがて舞い戻ってきたミンナを、ワグナーは許し、受け入れました。

借金取りの目をかすめるように、パリに移りますが、成功には巡り会えず、ドレスデン宮廷楽長の地位を得て、ようやく作曲家としても成功を収めます。ところが、ヨーロッパを襲った市民革命に身を投じたため、ワグナーはその職を失っただけでなく、お尋ね者の身になってしまいます。牢獄行きを逃れるために、辛《かろ》うじてスイスに亡命したのですが、折角《せっかく》の成功も宮廷楽長の地位も水の泡でした。そのことを不満に思ったミンナとワグナーとの仲は、次第に冷え冷えとしたものになっていくのです。

IT企業社長とある有名女優の場合

若くして億万長者になった、IT関連企業のS社のF社長は、二〇歳の時に、日本一の企業を自分が創るという目標を立て、信念と行動力で実現しようとした人物です。自信に満ちた話術はカリスマ的な説得力をもち、大言壮語し過ぎるきらいはあるものの、それを現実のものとする能力と実行力を示してきました。マスコミにもしばしば登場するなど、自己顕示欲の強さでも知られています。そんなF社長がお相手に選んだのは、有名女優のOさんでした。Oさんの魅力にF社長が一目惚れし、億万長者の若手起業家の積極求愛を、Oさんが受け入れたという形ですが、実際に、この恋愛のシナリオを描いていたのはOさんの側だったかもしれません。

結婚してしまうと、二人の生活は、すれ違いが多くなります。会社のことしか頭にないF社長と、そんなことはおかまいなしに甘えようとし、関心をほしがるOさんとの間にいつのまにか、心の溝が生まれていったのです。結婚当初は料理を習い、良い妻として内助の功を発揮しようと頑張っていたOさんも、所詮、家庭の中だけでは、満たされないことに気づいたのでしょう。それでも、Oさんが離婚を言い出したとき、F社長のほうは寝耳に水だったようです。そこまで事態が深刻とは思っていなかったのです。結局、二人の結婚は破綻しました。

演技性タイプの人にとって、関心と注目を与えてもらうことは、花にとっての太陽の光と同じくらい必要なのです。自己愛性タイプの人は、そのことになかなか気がつきません。

30 演技性パーソナリティタイプ 回避性パーソナリティタイプ

まったく正反対の二人

物静かで控えめな回避性タイプの人と、自己表現が上手で、人目を惹く演技性タイプは、正反対といった組み合わせです。元々接点が乏しく、恋愛に発展しにくい組み合わせですが、回避性タイプのほうに、社会的地位や才能、学歴、経済力といった外面的な魅力がある場合には、演技性タイプの人にとって、自分と正反対なところに惹かれることがあります。ただ、仮に親密な関係にたどり着けたとしても、演技性タイプの関心への欲求を、回避性タイプの人は上手に満たすことができず、最初は魅力に見えた相手の表現力も、次第に負担に思え、また、内面性の乏しさにも失望して、長続きしにくいものです。

幸福な関係を維持するためには、回避性の人は、演技性の人に対して、水やりを怠らないことが大事ですし、演技性の人は、外面的なことよりも、内面的な部分で自分を深め、回避性の人と精神的に共有できる部分を増やしていく必要があります。

島村抱月《ほうげつ》と松井須磨子《すまこ》の場合

島村抱月と松井須磨子の関係も、この組み合わせがもたらした悲劇だと言えます。抱月には、神経質で内気な回避性の傾向と、律儀で真面目な強迫性の傾向がありました。早稲田大学の新進の教授であった島村抱月は、劇作家や評論家としても活動し、当時、早稲田のホープでした。恩師の坪内逍遙《つぼうちしょうよう》とともに立ち上げた文芸協会は、俳優養成を始め、その第一期生に応募してきたのが松井須磨子でした。そのとき、須磨子は二三歳で、すでに離婚歴があり、二度目の結婚中でした。須磨子は運良く訓練生になると、それにのめり込み、家事も一切しなくなったため、二度目の結婚も破綻してしまいます。須磨子にとって、それは望むところでした。

独身になった須磨子は、『ハムレット』のオフィーリア役に続いて、『人形の家』では主役のノラ役に抜擢《ばってき》されるや、迫真の演技で一躍スターになります。その演出を手がけたのが抱月でした。須磨子の大胆で、天衣無縫《てんいむほう》な自己表現に、学者肌で、ふだんは口数が少なく、滅多に表情も変えない抱月も、次第に心を虜《とりこ》にされていきます。一方、須磨子も、抱月の物静かで知的な雰囲気に惹かれます。四二歳の抱月は、見合い結婚した妻との間に子どももいましたが、本当の恋愛というものは経験したことがありませんでした。須磨子と初めて、胸を焦がすような思いを味わうことになったのです。しかも、須磨子の巧みなリードによって、内気で、色事の経験もない抱月も、大胆な行動へと誘われていきます。

真面目な抱月と奔放な須磨子のスキャンダルに、誰もが驚きました。文芸協会を追われた二人は、芸術座を立ち上げます。こけら落しの演目『復活』は大きな評判を呼び、劇中で歌われた「カチューシャの唄」も大ヒットしました。しかし、抱月には、所詮、伝統的な呪縛《じゅばく》に抗して、自分の恋愛を全《まっと》うするだけの強さがありませんでした。須磨子との関係は愛人のままでした。抱月がスペイン風邪で急逝《きゅうせい》すると、須磨子は、後を追うように自ら命を絶ちます。抱月の現実面での弱さが、須磨子を守ってやれなかったと言えるでしょう。

31

演技性パーソナリティタイプ
強迫性パーソナリティタイプ

激しい恋となる可能性も

生真面目で、義務感の強い強迫性タイプと、軽やかで変幻自在《へんげんじざい》の演技性タイプの組み合わせも、ちょうど正反対に近い関係です。どちらもが、自分の世界とほど遠いカルチャーをもっていると言えるでしょう。そのぶん、激しい恋となることがありますが、奔放で気まぐれな演技性タイプの生き方と、四角四面な強迫性タイプの生き方は、本質的にすれ違ってしまいます。

長く続く愛情には発展しにくく、束《つか》の間の恋で終わる場合もあります。しかし、強迫性タイプのほうが、ずっと一念を通して思い続けると、安定した関係になる場合もあります。そこまでの段階で、演技性タイプのほうが裏切ってしまえば、筋を通す強迫性タイプの人は、もう元には戻れないと考えます。試練の時期を乗り越えられるかどうかにかかっているのです。

より社会的スキルに長けた演技性タイプの場合には、強迫性タイプの人は、うまく支配されてしまいます。性的な魅力だけでなく、心身の不調や巧みな作り話によって、子どもを騙すように操られてしまいます。ふだんは真面目な強迫性タイプの人が、恋に狂ってしまうという場合、この組み合わせが多いでしょう。

イングリッド・バーグマンと最初の夫ペッター・リンドストロームの場合

大女優バーグマンの最初の夫は、仕事熱心で優秀な歯科医でした。二人が結ばれたのは、バーグマンが、『カサブランカ』や『ガス燈』の大ヒットで、世界的に有名になる、はるか以前のことです。出会ったのは、バーグマンが一八歳、ペッターは二六歳のときのこと。映画の中では、清純派そのもののバーグマンですが、現実の姿は少し違っていました。恵まれない境遇で育ち、その容姿と手練手管《てれんてくだ》で大女優にまでのし上がった、したたかな女性でもあり、酒好きで、男性関係でもだらしないところがありました。ペッターと付き合い出す直前にも、芸人と恋愛沙汰《ざた》を起こしていました。

まだ駆け出しの女優だったバーグマンにとって、歯科医という堅実な社会的地位をもつ男性は、魅力的に映ったのです。ペッターは根っから善良で、道徳的で、常に冷静に振る舞う人物でした。三年後、二人は結婚。それから、二、三週間しか経っていないある日、バーグマンは唐突《とうとつ》に夫にこう言ったといいます。「あらゆる民族の男と少なくとも一人ずつ寝てみたいわ」と。その言葉は、その後のバーグマンの人生を暗示するものとなります。

妻の女優としての活躍を、ペッターは支えます。二人の間には娘も生まれました。離れて暮らすことの多い妻に、律義《りちぎ》な夫は毎日のように手紙を書き、アドバイスをしました。アメリカで仕事ができるように、ペッター自身、アメリカにある医科大学にも通い始めます。しかし、バーグマンが女優として大成功を収め、世界でもナンバーワンのギャラを稼ぐようになると、二人の関係は色あせていきます。ペッターは妻のマネージャーのような存在になり、バーグマンは、そんな夫を尻目に、ロバート・キャパらとの情事に耽《ふけ》るようになったのです。それを薄々感じながらも、ペッターは取り乱すことなく、夫としての責任を果たし、妻に手紙を送り続けました。

しかし、結局、バーグマンは夫や娘を捨てて、イタリアの映画監督ロッセリーニのもとに走ることになります。それは、バーグマンの名声を大きく傷つけただけでなく、ロッセリーニとの暮らしも無惨《むざん》な結末に終わるのです。結局、ペッターと愛し合っていた時期が、バーグマンにとって、もっとも成功と幸福に恵まれた期間でした。

オノ・ヨーコと最初の夫、一柳慧《いちやなぎとし》の場合

後にジョン・レノンと結ばれるオノ・ヨーコの最初の夫は、一柳慧という音楽家でした。

両親とうまく行かず、日本を飛び出し、ニューヨークで暮らし始めたヨーコは、ジュリアード音楽院に学んでいた一柳慧と親しくなりました。自己主張が激しく野心的な一方で、空虚感や希死念慮に悩まされ両極端に揺れるヨーコを、一柳は支えようとします。しかし、それは夫としての義務感からで、一柳は、ヨーコを本心からは理解できなかったに違いありません。ヨーコはやがて不倫をして妊娠し、二人の結婚は終わりを迎えるのです。

32 演技性パーソナリティタイプ 依存性パーソナリティタイプ

居心地のいい関係

依存性タイプの人が、関心を与える側に回ることで、それなりに安定しやすい組み合わせです。どちらも気配りをして顔色を見るタイプで、その意味で、演技性タイプにとっては居心地がいいものの、刺激が足りないと感じるところがあります。優しいだけでは、心が燃えないのです。けれども、演技性タイプの人が間違いを犯しても、依存性タイプの人は、それさえも許して関係を続けていき、やがて年齢とともに落ち着いていくという経過は、ありがちなものです。

オノ・ヨーコと三番目の夫ジョン・レノンの場合

前衛芸術家として一部では注目されていたオノ・ヨーコでしたが、ニューヨークからロンドンに、二番目の夫トニーとともに乗り込んだとき、ほとんど持ち金も残っていない状態でした。安宿や知人の家のソファーで寝かせてもらっていたといいます。夫と幼い娘も抱えていたヨーコが、世界的トップスターであるビートルズのジョン・レノンにどうやって接近し、そのハートを射止めることができたのでしょうか。

ヨーコがまずやったことは、ロンドンのマスコミの関心を自分に惹きつけることでした。ロンドンにやってきた目的は、芸術のシンポジウムに参加するためでしたが、そこでのパフォーマンスで、ロンドン子の度肝《どぎも》を抜いたのです。そして注目を浴び、あちこちのパーティに招かれるようになります。さらに、ロンドンでもっとも先進的なインディカ画廊から個展の話が舞い込みます。この画廊には、ビートルズのメンバーもしばしば顔を見せていました。オノ・ヨーコの評伝作者ジェリー・ホプキンズによると、ヨーコは、最初からジョン・レノンを意識して接近をはかったといいます。その出会いも、偶然のように見せかけて、実は巧みに仕組まれたものだったというのです。

まっ白な画廊に、黒ずくめの衣装を纏《まと》ったヨーコは、とても印象的でした。ジョンは、ヨーコの常識を越えた、だがユーモラスな芸術に関心を覚えたようでした。ヨーコはジョンと顔を合わし、その名前を聞いても、まるでその名前を初めて聞いたかのように平然としていました。ヨーコは、その他大勢の反応とは一線を画したのです。ヨーコの演出は効果覿面《てきめん》でした。この出会いの瞬間から、ジョンはヨーコの魔法にかけられたといっても過言ではありません。

それから、ヨーコの攻勢が始まります。最初は、偶然に見せかけて画廊で一緒になり、言葉を交わすという程度のものから始まり、自分の作品集をもってスタジオにまで訪ねて行ったり、電話をかけて、新しい作品集への寄稿を依頼したりしました。ジョンも、それに応えて、ヨーコをスタジオに招き、作品集の感想を言います。すかさずヨーコは、有名なリッスン画廊で新しい個展をする準備をしていると話し、ただし、スポンサーが見つかればだ、と付け加えます。すると、ジョンは、必要な五千ポンドの資金を提供しようと申し出たのです。実のところ、リッスン画廊での個展の話などなかったのですが、ヨーコはそれからリッスン画廊に話をもちこみ、実現させてしまいます。まさに瓢箪《ひょうたん》から駒でした。

ヨーコのアプローチは、さらにエスカレートします。手紙が頻繁にジョンの家に届けられるようになります。電話もかかってきます。そのうち、自宅にまで押しかけてくるようになりました。その家で、ジョンは妻のシンシアや子どもたちと暮らしていました。あるときは、ジョン夫妻が乗っているロールスロイスに、ヨーコが強引に乗り込んできたこともありました。さすがに、妻のシンシアも怪しみ始めますが、妻の追及を、ジョンは、「頭のおかしい芸術家なんだ」と、笑ったといいます。

しかし、ジョンは、内心、ヨーコに惹かれていたのです。見かけの華やかな成功とは裏腹に、ジョンの精神は窒息しそうになっていました。ビートルズのジョン・レノンというアイデンティティも、妻子との形ばかりの生活も、本当の自分のものではないと感じていました。ジョンは、自分を解放してくれる人を待っていたのです。彼を解放してくれる存在は、どんな困難をもものともしないほど強烈な個性と、不思議な力をもった存在でなければなりませんでした。目の前に現れた神秘的な日本女性に、ジョンは、自分の救済者を見いだしたのです。ヨーコのほうが七歳年上で、お互いに配偶者と子どもがいるという状況も、もはや大した意味は持ちませんでした。ジョンは、ヨーコのことを、後に「マザー」と呼び、女神のように崇拝し、その支配やコントロールを喜んで受けるようになります。そこには、ジョンの依存性パーソナリティの傾向が、大きく関与したと思われます。

このカップルもまた、不安定な愛着スタイルを抱えたもの同士が、類まれな絆を手に入れたケースと言えるでしょう。

33 演技性パーソナリティタイプ 境界性パーソナリティタイプ

絶えず火花を抱える不安定さ

内面に空虚と愛情飢餓を抱える境界性タイプと、同じく内面的な空っぽさを、注目を得ることで紛らわそうとする演技性タイプは、親戚のような組み合わせです。そのため、共感し、惹かれ合うことも多いと言えます。ロックシンガーと女優のカップルといったものが典型的です。しかし、自分が満たされることに切実な必要性を抱えている二人なので、相手を満たしているばかりでは、すぐに愛情、関心不足に陥ってしまいます。すると、他でそのぶんを埋め合わせせざるを得ず、関係は絶えず火種を抱え、不安定なものとなりやすいのです。

マーロン・ブランドと愛人ウィオナの場合

『欲望という名の電車』で一躍大スターとなり、『ゴッドファーザー』などの名演技でハリウッドを代表する俳優となったマーロン・ブランドは、激しい女性遍歴を繰り返したことで知られています。女漁りの背後には、女性を求める気持ちと女性を憎悪する気持ちが混じり合っていました。そこには、アルコール依存症の母親から、幼い頃、愛情をもらい損ね、ギクシャクし続けた親子関係が影を落としていました。ブランドには、演技性だけでなく、自己愛性や反社会性の傾向も認められます。そんなブランドと出会うことになる女性たちのタイプも似たり寄ったりで、恋の結末は、一夜限りの関係か、仮に続くような場合にも、大抵激しい喧嘩別れに終わっています。多くの相手とは行きずりのセックスの関係でした。

ウィオナとの出会いも、そんな無数の女性との出会いと何ら変わりませんでした。ウィオナは、ブランドの友人の恋人でした。ホテルのロビーで、ブランドにウィオナを紹介した友人がいなくなるや、ブランドはこう切り出しました。「上に行って、ファックしない？」ウィオナは眼をキラキラ輝かせて応じました。「いいわね。行きましょう！」

ウィオナは頭の回転が速く、陽気で、魅力的な女性でしたが、それとは別の、陰気で不安定な面をもっていました。飲酒やドラッグに溺れ、何度も入院していたのです。ブランド自身が、彼女を病院に連れて行ったこともありました。そんな不安定さにもかかわらず、ブランドとしては珍しく何年もの間、彼女と付き合ったのです。お互い響き合う部分が大きかったのでしょう。しかし、その関係も最後には無惨な結末を迎えています。ブランドの冷たい態度への仕返しに、ウィオナはブランドの息子を誘惑し関係するという挙に出たのです。さすがのブランドも堪忍袋《かんにんぶくろ》の緒《お》を切らします。二人は罵り合った末、別れてしまったのです。

34 演技性パーソナリティタイプ 反社会性パーソナリティタイプ

狐と狸の化かし合い

この組み合わせは、狐と狸の化かし合いという様相を帯びます。激しく惹かれ合い、めくるめく恋に落ち、麻薬のような開放感を味わいますが、束の間の夢に過ぎません。やがて、それは悪夢に変わります。どちらも心に空虚感を抱え、主導権をめぐって激しく駆け引きやせめぎ合いを繰り返します。お互いを強く求めながら、縛られるのは厭なのです。

ルパンと峰不二子の関係と言ってもいいでしょうし、カルメンとドン・ホセの愛と言ってもいいでしょう。お互い惹かれ合いながら、しかし、相手に支配されることは嫌い、お互いに優越を競い合うので、いつまでたっても安定した関係にはなりにくいのです。共犯者的な関係になることもありますが、いつ相手に出し抜かれるかわからないような不安定さがあります。激しく愛し合いながらも、いつ裏切られるか、いつ終わりを迎えるか、明日をも知れないという関係です。

詐欺容疑で捕まった羽賀研二氏と女優の梅宮アンナさんや元俳優の押尾学氏（現在服役

中）と女優の矢田亜希子さんの関係にも、そうしたダイナミズムが推測されます。

イングリッド・バーグマンと写真家ロバート・キャパの場合

世界的大女優になったバーグマンは、歯科医の夫との間で倦怠期を迎えていました。そんなとき、パリを訪れたバーグマンは、写真家のロバート・キャパと出会います。アプローチしてきたのは、キャパのほうからでした。最初から、この大女優を落としてみせるという下心を抱いての接近だったようです。

二人は夢中で愛し合いますが、愛し合えば合うほど明らかになるのは、キャパは、相手がバーグマンであろうと、縛られて家庭をもつつもりはないということでした。バーグマンは、酒とギャンブルに溺れるキャパに次第に幻滅し、夫や娘との生活のありがたみを確認することとなります。しかし、同時に、バーグマンのなかでくすぶり続けていた本当の自分を解放したいという願望を、キャパとの関係のなかではっきり自覚するようになったのです。

このとき、キャパが見るようにすすめたのが、ロベルト・ロッセリーニの作品でした。バーグマンは、やがてロッセリーニに傾倒し、家族やハリウッドでの名声を捨てて彼のもとに走ることになります。バーグマンの崩壊の最初のきっかけを作り、バーグマンの内面の空虚をはっきり自覚させ、行動を起こさせる下ごしらえをしたのは、キャパだったとも言えるでしょう。

オノ・ヨーコと二番目の夫トニー・コックスの場合

先述のオノ・ヨーコの二番目の夫は、トニー・コックスといい、美術を勉強したり、サックスを吹いたりしていましたが、彼の一番の才能は、本当のようなウソで相手を信じ込ませる能力にあったようです。口八丁手八丁のペテン師のような人物で、若い頃は、「バイク狂で、校則破りの常習犯」のちょっとしたワルでした。

そのトニーが、ヨーコの前に現れたのは、東京にある精神病院の面会室だったといいます。睡眠薬を大量に服用し、自殺を図ったオノ・ヨーコが入院していた病院に、ニューヨークの同僚だといって面会を求めたのです。その実、トニーは、友人からヨーコの名前を聞いていただけでした。恐らく東京に遊びに来たトニーが、何らかの利得を期待して、ヨーコに会う気を起こしたのでしょう。ところが、当てが外れて、ヨーコは入院していたわけです。しかし、そんな不運も逆手にとるのが、このタイプのしたたかさです。トニーは、ヨーコが精神病院から退院する手助けをして、ヨーコの救世主になったのです。

その後も、トニーはパチンコ通いをしながらヨーコとも会って、ニューヨークの話をしたりするうちによい仲になります。ヨーコはまだ最初の夫と結婚していましたが、やがてトニーの子を妊《みごも》ります。これで、最初の結婚にケリがつきました。

二人の関係がラブラブだったのは束の間で、個性の強い二人は始終ケンカをするようになります。トニーの友人と三角関係になったこともありました。トニーを傷つけるために、ヨーコはわざとトニーの友人と関係したといいます。まったくの化かし合いです。

それでも、二人の関係が続いたのは、トニーには反社会性の面ばかりではなく、依存性の傾向があり、ヨーコに精神的に頼っていたことがあるでしょう。どんなにひどい目に合わされても、ヨーコを愛し続け、甲斐甲斐しく奉仕してしまうのです。二人がニューヨーク、そしてロンドンへと活躍の場を変えてからも、トニーはヨーコの僕《しもべ》であり、プロモーターとして、そのペテン師的な才能を発揮しました。ヨーコとジョン・レノンの出会い自体も、このトニーの助けによるところが大きかったのです。

35 演技性パーソナリティタイプ 演技性パーソナリティタイプ

どちらかが脇役にならないと続かない

舞台の上と現実の生活を勘違いして、結ばれるということは起こり得ます。関心に餓えた二人が一緒になるのは、観客がいないのに主演俳優が二人いるようなもの。どちらかが、脇役か観客に回ることができれば、演技性と依存性の関係に変わって、それなりに安定しますが、それができないと、破綻は時間の問題でしょう。ただ、なかには、うまくいくカップルもいます。その違いは、第二のパーソナリティの組み合わせによるようです。演技性でも、とても自己愛性の強いタイプと依存性の強いタイプがあり、もう一つの傾向が補い合うことで、収まりが良くなるのです。ところが、第二のパーソナリティも、相性の良くない組み合わせだと、結果は最悪になります。

アスペルガータイプ

自分の世界に夢中で、他人の気持ちには無頓着なアスペルガータイプは、同好の士としては面白いですが、恋人にするには、少し退屈で、淋しい思いを味わいやすいという面があります。

36 アスペルガータイプ 自己愛性パーソナリティタイプ

どちらも自分が中心でいたい

自分を第一に考え、自己本位に行動し、自分だけに関心を求める自己愛性タイプと、自分の興味のあることにしか関心を示さないアスペルガータイプでは、大きな子どもが二人いるようなもので、気持ちがすれ違いになりがちです。てんでばらばらに行動することになり、自己愛性タイプは自己顕示欲求を満たしてもらえず、不満や怒りを感じ、アスペルガータイプも、自分の決まった行動パターンや興味の追求を邪魔されることに苛立ち、家庭的な幸福には至りにくいと言えます。どちらも、相手にマネージャーになってほしいのですが、どちらも、自分が中心でいたいのです。

日常生活を整えることは、どちらも苦手で、どちらもバックアップに回るのには不満を感じやすいのです。研究バカの亭主と芸術家の妻という組み合わせは成り立ちにくいのです。どちらかが、サポートする側に回る必要があります。できるだけ相手や相手の興味に関心を払い、理解者、賞賛者になることが大事ですが、どちらか一方ばかりが主役をやり続けると、次第に不満が溜まります。交互に主役になるというやり方が、一つの解決法です。あるいは、互いが別個の生活スタイルをもち、干渉せず、ときたま顔を合わすような関係なら、うまくいくこともあるでしょう。

夏目漱石と鏡子夫人の場合

文豪・夏目漱石と、世間では「悪妻」との評価が強い鏡子夫人は、この組み合わせでしょう。若い頃の漱石の写真を見ると、いかにも神経質そうで病的な感じさえします。実際、物音に敏感だったり、近所で遊んでいる子どもを「うるさい」と怒鳴りつけたりしていました。頑固で、人付き合いもあまり上手ではなく、「坊ちゃん」のように周囲から孤立しがちなところがありました。ある意味、文学の世界に救いを見いだそうとしたと言えるでしょう。

しかし、お嬢さん育ちで、いささか子どもっぽいところのあった鏡子夫人は、夫の仕事や作品に対しても、関心も理解もあまりありませんでした。集まってくる弟子たちの茶菓子代や漱石の書籍代にも不満を言いました。鏡子夫人としては、そんな暇や金があるのなら、もっと自分に使ってほしかったのでしょう。

ピアニストと研究者の夫婦

音大を出てピアニストを目指していた璃子《りこ》さん（仮名）と、まだ無名ながら、独自の研究で注目されつつあった克哉さん（仮名）が出会ったのは、楽屋に、克哉さんが花束をもって現れたことからでした。

華やかで、容姿にも恵まれた璃子さんが、五歳年上の克哉さんに惹かれたのは、俗気のない知的な雰囲気が、これまで出会った男性とは違っていたからです。ことに文通を初めると、送られてくる手紙には、ほかの男性では語れない深みのある言葉が綴られていました。ただ、顔を合わせると、ぎこちなく、少し気取った感じで、文通のときの克哉さんとの間にギャップを感じましたが、恋心を抱き始めていた璃子さんには、それがむしろ「可愛い」と映ったのです。

一方、克哉さんのほうは、一目惚れでした。クラッシック好きの克哉さんが、たまたま訪れた、入りの悪いコンサートで、花のような璃子さんを見て、魅せられてしまったのです。

一緒になってみると、二人の生活は、璃子さん中心に回りました。駆け出しのピアニストの生活は大変で、家事は克哉さんの仕事になり、しかも、コンサートのチケットを大量に買い取らねばならず、経済的にも大きな負担でした。その費用を賄《まかな》うために、不本意な仕事もせねばならず、克哉さんの研究にも支障が出ましたが、妻の才能と魅力に惚れ込んでいたので、我慢していました。が、結局、妊娠、出産を機に、璃子さんのピアニストとしての活動は、実質上、休止状態に。克哉さんが学問の世界で華々しい活躍をするのは、璃子さんが、一人の母親として家庭に収まり、家のことを切り盛りしてくれるようになってからでした。

37 アスペルガータイプ 回避性パーソナリティタイプ

なかなか恋愛に発展しないけれど付き合えば長く続く

回避性の人にとって、アスペルガータイプの人とは、対人関係の要求が淡泊であるという点で共通し、お互い楽で、安定した関係を保ちやすいと言えます。ただ、どちらも消極的なところがあるため、関係が育まれるのに時間がかかります。アスペルガータイプの人のほうから、回避性タイプの人にアプローチし、「面白くて、いい人だ」と受け止められて、関わりができていくパターンが多いようです。

アスペルガータイプの人が主導権をとり、回避性の人が、ついていくという形が一般的です。内気で出しゃばらず、受動的な回避性タイプは、自分の世界の追求に没頭するアスペルガータイプを邪魔せずに見守ってくれるので、心地よい伴侶でもあります。また、回避性タイプにとっても、アスペルガータイプの純粋さや子どものような無邪気さは、安心感を抱かせ尊敬できると感じます。激しい恋というわけではありませんが、この組み合わせは、長く安定した関係になりやすいと言えるでしょう。

どちらも、対外交渉はあまり得意ではありませんが、それがかえって、互いのスキルを高めることにつながります。子育ても、どちらも得意ではないことが多いのですが、互いの成長、訓練の場となります。意外に良い組み合わせだと言えます。相手の世界に勝手に入り込んだり、踏み荒らしたりしない回避性の人は、アスペルガータイプの人にとって居心地のいい存在です。

アガサ・クリスティと二度目の夫マックス・マローワンの場合

アガサ・クリスティと二度目の夫となったマックス・マローワンのカップルは、この組み合わせです。一度目の結婚が失敗に終わり、深く傷ついたアガサが、それから二年後に、一三歳も年下の男性と結ばれることになろうとは、本人自身、夢想だにしないことでした。

アガサが、二五歳の青年マックス・マローワンと出会ったのは、中東旅行においてでした。マックスは、考古学に情熱をもつ口数の少ない物静かな青年でした。アガサの娘が急病になったという知らせを受け、ロンドンに引き返さなければならないというアクシデントが起きたとき、マックスは同行を申し出ます。マックスは最初からアガサに惹かれていたといいます。ロンドンに着き、娘の容態も落ち着いたとわかったとき、マックスはアガサにプロポーズします。突然のことに最初は戸惑い、断ったアガサでしたが、マックスの一途な思いが通じて、アガサは結婚を受け入れるのです。

大方の目には危うく映った結婚でしたが、二人は四〇年もの間、幸福な結婚生活を共にすることになります。マックスは考古学に、アガサは小説に、それぞれの世界に熱中し、互いの世界を犯すことなく、尊重し合うことができたのです。

38 アスペルガータイプ 強迫性パーソナリティタイプ

生真面目カップル

几帳面で、真面目な努力家の強迫性タイプと、こだわりが強く、同じ行動パターンを繰り返したがるアスペルガータイプは、親戚のようなものです。お互いの行動スタイルや価値観が一致すれば、よいパートナーになれるでしょう。しかし、その点で食い違うと、性格が似ているだけに、強く反発し合うことになります。合う合わないが、はっきりした組み合わせだと言えるでしょう。強迫性タイプの人が、ほどよく手綱を取って、アスペルガータイプを上手に管理すれば、アスペルガータイプの人の特異な能力を活かせるでしょう。あまり厳しく、口うるさくコントロールしすぎると、アスペルガータイプは意固地になって反発し、もてる力を発揮できなくなります。

成功したカップルに、意外に多い組み合わせです。キュリー夫妻やヒッチコック夫妻、金田一京助夫妻、カルロス・ゴーン夫妻などが当てはまると思われます。

元マイクロソフト会長ビル・ゲイツ氏とメリンダ夫人の場合

12歳の時にコンピューターと出会って以来、コンピューターが恋人だといっても過言ではない人生を歩んできたビル・ゲイツ氏は、専門的な知識を吸収する能力にかけては、誰にも負けませんでした。しかし、社交や行動の点では不器用で、常識にお構いなしのアスペルガータイプの人物です。忙しいゲイツ氏にも恋人はいましたが、相手はいずれも、同じ社内の女性だったようです。ゲイツ氏の風変わりぶりについて行けず、すぐに別れた女性もいました。

結局、彼の人生の伴侶となったのは、同じ会社の二九歳の社員で、経済学とコンピューターサイエンスで学位をもつ、美貌と才智を兼ね備えた女性でした。頭脳の点でも、学歴の点でも、ゲイツ氏に引けを取らないだけでなく、ゲイツ氏に影響力を及ぼし、主導権を握っているのは、どうやらメリンダ夫人のようです。

ゲイツ氏が莫大な資産を、ビル&メリンダ・ゲイツ財団に寄付し、世界最大の慈善団体として活動していることはよく知られていますが、財団を実質的に切り盛りしているのはメリンダ夫人であり、仕事中毒のゲイツ氏を五〇代の若さで引退させて、慈善活動へと方向転換させるうえでも、メリンダ夫人の影響力はかなり大きかったと思われます。

39 アスペルガータイプ 依存性パーソナリティタイプ

力を引き出し合う組み合わせ

アスペルガータイプの人にとって、依存性タイプの人は、とても居心地のよい膝枕《ひざまくら》のような存在です。アスペルガータイプの人は、自分の世界に思う存分浸《ひた》ることができ、それを依存性タイプの人がバックアップするという関係が一般的です。依存性タイプの人にとっては、不器用なアスペルガータイプの人は面倒の見がいがあり、また、アスペルガータイプの人は、相手をとっかえひっかえするような器用さを持たないことが多いので、安心して尽くすことができるのです。物理学者のホーキング夫妻や、ピアニストのデヴィド・ヘルフゴット夫妻など、学問、技術、芸術分野の成功者に多い組み合わせです。

グラハム・ベルと妻メイベルの場合

電話を発明したことで知られるグラハム・ベルは、聾《ろう》教育の若き教授でした。自身の母親が聴覚障害者であったベルは、父親と同じく、聾教育に生涯を捧げる決心をしていたのです。

ベルは、一人の美しい教え子を受け持つことになります。それが、後に妻となった女性メイベルで、彼女もまた聴覚に障害をもっていました。二八歳のグラハム・ベルは、年よりずっと老けて見えました。まだ一七歳のメイベルは、「ベル先生」からの求婚に戸惑いつつも、受け入れる決心をします。ベルがメイベルに求婚した年は、電話の特許を取得した年でもあり、ベルにとって輝かしい未来を約束する年となりました。

その後、ベル電話会社は拡大を遂げ、ベル夫妻は大きな資産を手に入れることになります。けれども、ベルは金銭に関心が乏しく、昔と変わらず研究に没頭し、家庭のことは妻に任せていました。メイベルは、気の優しい寛大な夫人で、その莫大な財産を狙って寄ってくる有象無象《うぞうむぞう》に小金をかすめ取られても、別に気にする様子もなかったといいます。二人は、関心という点では、一八〇度違っていたにもかかわらず、理想的とも言える幸福な家庭を維持し続けたのです。

40
アスペルガータイプ
境界性パーソナリティタイプ

ビミョウな関係

愛情が何よりも大切な境界性タイプと、自分の興味に熱中するアスペルガータイプは、あまり接点がないかのようで、実際にはこの組み合わせのカップルは少なくありません。技術者肌で口べタで不器用な男性を、少し不安定なところがあるものの、甘え上手で魅力的な女性が、うまく操っているという構図です。アスペルガータイプの人にとって、境界性タイプの人は、自分と正反対ともいえる存在で、魅力的に映ります。また、心の傷を抱えた境界性タイプの人にとって、アスペルガータイプの変わらない心や純粋さは、安らぎとなる場合があります。正直で、わかりやすく、捨てられる心配もないので、安心感をもつと言えるでしょう。

しかし、常にそばにいて愛してくれる人を求める境界性タイプにとって、自分の関心にばかり夢中になるアスペルガータイプの人では、無視されたように感じてしまい、愛情不足になってしまう危険もあります。気持ちも思うように汲んでもらえず、やがてやるせない思いをためるようになります。そのため、最初は、新鮮さに惹かれ合うこともあるのですが、お互いの気持ちがまったく理解できず、早い段階で破綻を迎えやすいと言えます。

境界性タイプのほうが、他の愛情対象に走って終わりを迎えるということも少なくありません。距離をおいた関係であれば、アスペルガータイプの淡々とした冷静さが、境界性タイプの安定にプラスになることもあります。

アスペルガータイプの人に、自己愛性も入っていると、二人のすれ違いは大きくなって、破綻する危険が増します。境界性タイプの人に、自己愛性が強い場合も、自分の世界ややり方を第一に考えるアスペルガータイプのスタイルが、段々鬱陶しくなりやすいでしょう。

41 アスペルガータイプ 演技性パーソナリティタイプ

恋愛気分になりにくい

アスペルガータイプの不器用さは、演技性タイプにとっては、どこか滑稽で、恋愛気分にはなりにくく、また、アスペルガータイプも、演技性タイプの性的な魅力に対して、あまり心を動かされません。一般的には、恋愛関係が成立しにくい組み合わせです。

表現力に富む演技性タイプと社会性の点では不器用なアスペルガータイプが、惹かれ合うためには、アスペルガータイプの人が専門分野で才能を発揮し、社会的地位や名声や経済力がある場合に限られるでしょう。演技性タイプの人にとって、やはり外的な要素は重要なので、純粋さや正直さといった精神的なことだけで相手に惹かれることは少ないのです。しかも、若い頃の演技性タイプの人は、極めて気まぐれで移り気ですし、ルックスを重視します。アスペルガータイプの人は恋愛対象にはなりにくいでしょう。

しかし、ある程度の年齢になり、恋愛遍歴も厭というほどして、落ち着きたいと考えたとき、専門職で活躍しているアスペルガータイプの人が、パートナーとして魅力的に感じられるようになることは少なくありません。演技性タイプのほうから、巧みにアプローチされると、アスペルガータイプの人は、簡単に手玉に取られてしまいます。

ただ、飽きっぽさや気まぐれなところは、結婚したと言ってもすぐに変わるわけではなく、アスペルガータイプの生活の物珍しさが、すぐに当たり前になって飽きてくると、そんな生活が退屈きわまりないものに思えて、新たな刺激を求めてしまうということが起こりがちです。気持ちや関心がすれ違いにならないためには、演技性タイプの人が家庭的なことに関心や喜びを見いだすことと、アスペルガータイプの人の心配りが大切でしょう。

鳩山由紀夫氏と幸夫人の場合

この組み合わせの成功カップルとしては、鳩山由紀夫元首相と幸夫人が挙げられるのではないかと思います。鳩山由紀夫氏は、東大工学部からスタンフォード大学大学院に進み、科学者としての道を歩んでいました。当時の写真を見ても、世俗とは無縁の超然とした雰囲気を感じます。大物政治家となってからも物静かで、とても丁寧で礼儀正しく、また、「宇宙人」と呼ばれる常識を超えた感性でも知られていました。

一方、幸夫人のほうは、宝塚歌劇団出身の、極めて表現力に富んだ魅力的な女性で、舞台や映画で活躍、歌劇団を退団後、別の男性と結婚してアメリカのサンフランシスコで暮らしていました。そこで、由紀夫氏と出会うことになるのです。四つ年上で、しかも人妻という状況での出会いでしたが、二人は次第に惹かれ合い、幸さんは家を出て、由紀夫氏と暮らすようになり、前夫と離婚が成立してから二年後に二人は結婚、今日まで理想的とも言える関係を維持してきたのです。政治家として活躍するうえで、やや内向的な思索型の由紀夫氏とは対照的に、外向的で社交的な幸夫人は、足りない部分を補うことのできる理想的なパートナーと言えるでしょう。幸夫人が料理などの家庭的なことに関心を深めていったことは、とても良い方向に働いたと思われます。

42　アスペルガータイプ　アスペルガータイプ

同じ職種で惹かれ合う

アスペルガー同士の組み合わせも、現実に多いパターンです。同じ職種や同じ専門領域で関心が一致し、仕事や趣味を共有するなかで、惹かれ合っていくという経過は、知識人層には、しばしば見られるものです。お互いの才能や関心が一致しているがゆえに、相手の能力がどれほどすばらしいものかが正当に評価できますし、お互いの取り組んでいることを理解し、バックアップすることも可能です。この組み合わせは、仕事や趣味に関わる面ではとても理想的だと言えるでしょう。

ただ、どちらも浮世離れした傾向をもち、生活臭が乏しく、社会的スキルや日常生活技能の点では平均以下のことも多いので、家庭生活や社交生活の面で上手く分担をはからないと、生活が行き詰まってしまいます。

アインシュタインと最初の妻ミレヴァの場合

アインシュタインと最初の妻ミレヴァは、同じ工科大学の学生のときに知り合いました。ミレヴァは、優れた才能をもつ女性で、アインシュタインの学術論文の作成も手伝っていました。相対性理論の確立にも、妻の助力が少なくなかったとする説もあります。仕事の面では、専門領域を共有する妻の内助の功は大きかったと言えるでしょう。

しかし、家庭生活の面では、どちらもあまり家庭向きではなかったため、子どもができたとき、困り果てた二人は、子どもを公式記録にさえ残さず、孤児院に入れるか里子に出すかして、この世からその痕跡を消し去ってしまったのです。その後、長男ができたにもかかわらず、二人の結婚は破綻しています。離婚の慰謝料は、ノーベル賞の賞金から支払われたということです。

妄想性タイプ

愛する人さえ信じられない妄想性タイプとの恋愛は、所有と被所有、支配と被支配の関係になりがちです。相性的に、支配のワナに堕ちやすいタイプの人は要注意です。

43 妄想性パーソナリティタイプ 回避性パーソナリティタイプ

蟻《あり》地獄のような関係

どちらも、警戒心や不安が強く、慎重なこの組み合わせでは、元々接点が乏しく、恋愛関係に発展しにくいのですが、間違って何かの拍子に出会い、親しい関係に陥ると、二人の間だけの閉じられた関係が形成されることになります。そこで何が起きているのか、外部のものには見えにくい状況が作られるのです。妄想性タイプの支配を、回避性タイプは苦痛に感じながらも、そこから抜け出せないという状況が生じやすいでしょう。

妄想性タイプにとって、回避性タイプは、思い通りに縛りやすい存在です。その束縛から自由になりたいと思っても、回避性タイプには、妄想性タイプのねちっこさや執拗さに逆らうだけの意思やエネルギーがないため、なかなか逃れることができません。不幸な関係となりやすいでしょう。

44 妄想性パーソナリティタイプ 自己愛性パーソナリティタイプ

求めれば求めるほど傷つけてしまう

どちらも自分が主導権をとり、相手を支配しようとするこの組み合わせは、水と油の関係だと言えます。どちらも嫉妬深く、相手を独占したいと望むため、二人の思いは激しくすれ違い、暴力を誘発することも少なくありません。求めれば求めるほど、相手を傷つけ合う関係になってしまうでしょう。

45 妄想性パーソナリティタイプ 強迫性パーソナリティタイプ

似た者同志でぶつかる

どちらも潔癖で、堅苦しい形式を重んじるという点で、似た傾向を持っていますが、あまり惹かれ合うことはありません。むしろ、些細なやり方の違いでぶつかり合いやすく、恋愛に発展するケースは稀でしょう。ただ、見合い結婚や紹介で結婚し、相手のことがわからないままに結ばれたというケースでは、ときにこんな組み合わせも起きてしまいます。真面目で、きちんとしているのでという点だけで、相手を見ないことです。

46 妄想性パーソナリティタイプ 依存性パーソナリティタイプ

細かく疑り深い男性と大らかな女性

自分に自信がないため、人も信じられず、傷つくことを恐れて、砦の中にこもっている妄想性タイプにとって、人を恐れず、甘えてくる依存性タイプの人は、爽やかな風のように、閉鎖的な心に吹き込み、気持ちを一新してくれる存在です。ただ、最初のうちは、相手の接近に戸惑い、余計殻《から》を固くして身構えてしまうかもしれません。しかし、それは、惹かれていることの裏返しでもあります。依存性タイプの心地よいアプローチは、妄想性タイプのぎこちない殻を、さりげなく取り去ってくれます。妄想性タイプにとって、支配しやすい依存性タイプは恰好の存在なのです。

一方、依存性タイプにとって、妄想性タイプの支配や嫉妬心も、それほど苦痛にならず、愛情の証《あかし》として受け入れやすいものです。安定する組み合わせだと言えるでしょう。嫉妬深く、律義で細かい男性と、世話好きで大らかな女性というカップルが典型的です。

ただし、さすがの依存性タイプも、支配の度が過ぎると、生活を縛られることに次第に息苦しさを感じ、ときには精神を病むこともあります。

美女と野獣の場合

この組み合わせの典型的なケースが、ミュージカルでも有名な『美女と野獣』のカップルです。魔法によって醜い姿に変えられ、人目を避け、城にこもって暮らしている野獣のもとに、美しく可憐《かれん》な娘が迷い込んできます。娘は、野獣の恐ろしい姿に最初は怯《おび》えますが、その背後に隠れた孤独で傷つきやすい心に興味を覚えるようになります。しかし、いつのまにか、野獣は娘に優しく接しますが、野獣は頑《かたく》なに心を閉ざし続けます。娘は野獣は娘の存在に慰めを見いだすようになっていたのです。

娘の父親が病気だという知らせに、娘は必ず戻ってくるので、看病に帰らせてほしいと懇願します。その言葉が信じられず、娘を帰すことを拒否していた野獣でしたが、結局、許します。それは娘への真実の愛ゆえでした。ですが、娘は一向に戻ってこず、失意のうちに野獣は病に伏してしまいます。約束を守って娘が戻ってきたとき、野獣は息も絶え絶えの状態でした。娘が涙を流してキスをすると、魔法が解けて、王子様の姿に戻るのです。

王子を醜い野獣の姿に変えていた魔法は、言ってみれば、妄想性タイプの心を縛っている、自分は醜いから愛されないという思い込みです。娘の真実の愛によって、自己否定の呪縛が解けたとき、自信をもった魅力的な姿を回復することができたのです。

47

妄想性パーソナリティタイプ　境界性パーソナリティタイプ

心に傷を負った者同士

どちらも、不安定さと、人間不信を抱えたこの組み合わせは、心に傷を負っているという点で通じるところがあります。気質的には、移ろいやすい境界性タイプと、ねちっこく、一つのものに執着する妄想性タイプでは正反対とも言えますが、その点が、互いにとって補完的に作用し合うことがあります。変わらない愛情を求める境界性タイプの人にとって、偏執的なほどに相手を縛りつけようとする妄想性タイプの愛は、互いのニーズが合致する場合があるのです。妄想性タイプの人に境界性も加わっている場合には、お互いに不信感を募らせ、二人とも不安定になっていきますが、強迫性タイプに近い妄想性タイプの場合、両者の関係は、次第に安定していきやすいと言えるでしょう。

48 妄想性パーソナリティタイプ アスペルガータイプ

意外に相性がいい

稀な組み合わせですが、関わりをもつ場合は、妄想性タイプの人にとって、淡泊で不器用なアスペルガータイプの人は、安心感を抱きやすい面があります。妄想性タイプの人から見ると、アスペルガータイプの人の心の動きは手に取るようにわかるので、猜疑心が芽生えにくいというわけです。その意味で、妄想性タイプの人から信頼や評価を受けたりします。意外に相性がいい組み合わせです。ただし、こだわりの部分で、ぶつかってしまうと、強く反発してしまうでしょう。

49 妄想性パーソナリティタイプ 反社会性パーソナリティタイプ

殺伐とした関係

人間を信じられない二人ですが、絶望感や社会に対する反発から結びつくことがあります。しかし、心の底では、お互いのことも本当には信じておらず、暴力的で、殺伐とした関係になりやすいでしょう。最後は、裏切りや衝突で、関係が破綻しやすいと言えます。アウトローな世界では珍しくありません。

50 妄想性パーソナリティタイプ 演技性パーソナリティタイプ

不幸な状況になりやすい

天性の浮気性である演技性タイプと、嫉妬深い妄想性タイプの組み合わせは、強く惹かれ合ったとしても、どちらにとっても不幸な状況になりやすいと言えます。

51

妄想性パーソナリティタイプ 妄想性パーソナリティタイプ

早く離れないと危険な状況に

稀な組み合わせですが、カップルともに薬物に溺れたりした場合、途中からこうした状況に陥ることがあります。愛情や些細な生活上のことをめぐって激しい争いが繰り返され、早く離れないと危険な状況になりかねません。

自分のパーソナリティにふさわしい恋愛こそ最高の恋愛――おわりに

人は、親や生まれてくる家を選ぶことはできませんが、付き合う相手や人生のパートナーを選ぶことはできます。どういう出会いをし、どういう選択をするかによって、人生は大きく変わります。しかし、本論で述べてきたように、人は知らず知らず見えない偏りに支配され、同じような過ちを繰り返してしまいやすいのです。けれども、これまで気づいていなかった偏りや自分の傾向を理解することで、陥りやすいワナを避けて、自分にふさわしい人生を手に入れることもできるのです。

幸せになるのに、決して、異性にもてる必要はありません。もてることと、幸せになることは違います。異性にもてはやされたばっかりに、間違った相手と出会ってしまい、人生を誤ってしまうこともあります。多くの選択肢があっても、結局、選べるのは一つなのです。その選択を誤ってしまうと、もっとも若々しい時代の一〇年、二〇年という貴重な時間が、無駄に費やされてしまいます。そこからの挽回には、さらにエネルギーを必要としますし、ときには、取り返しがつかないほどの打撃を蒙ることもあります。

その逆に、全然もてなくて、なかなかパートナーにめぐり会えなかったのに、ついに出会ったパートナーと、とても堅実で、幸福な人生を送ることができた人も大勢います。

恋愛はスキルだと思っている人がいるかもしれませんが、スキルなど、すぐ馬脚があらわれるものです。本当にふさわしい人との出会いにおいては、恋愛のスキルなど、それほど重要ではありません。恋愛の幸不幸は、もっと違うもので決まるのです。いくらスキルがあっても、それに溺れれば、あまり美しくない人生を送ってしまいます。小手先のスキルなど、自分にふさわしい相手を見極めるのに役に立たないばかりか、毒のある魚ばかり釣り上げて、そのうち命を落とすということにもなりかねません。

大切なことは、まず自分自身に向かい合い、自分自身を知ることです。相手との関係は、自分自身をよく知る機会でもあります。なぜ、自分はこのタイプの人に惹かれるのか、客観的な目で自分を振り返ってみることが、大事な手がかりを教えてくれるのです。

日頃から、自分としっかり付き合っていれば、自分にふさわしい選択と行動ができるようになります。自分のことをふだんから曖昧にしておいて、重要な瞬間にだけ、良い決断ができるはずもないのです。

あなたを縛っている見えない頸木《くびき》から自由になって、是非、あなたに最良の伴侶に出会ってほしいと思います。本当の意味で、自分にふさわしい人に出会える恋愛をしてほしいと思います。本書でお伝えしたことが、その一助となるように祈っています。

二〇一四年夏

岡田尊司

- [ ] 喜怒哀楽が余りなく、いつも冷静なほうだ。

Ⅸ

- [ ] 他人は油断がならないものだと思う。
- [ ] 友達や仲間といえども、信じられないときがある。
- [ ] 自分の秘密やプライベートなことは、他人には言わないほうだ。
- [ ] 他人の言葉に、よく傷つけられることがある。
- [ ] 傷つけられたり、恨みに思ったことは、長く忘れないほうだ。
- [ ] 当てこすられたり、非難されると、怒りがこみ上げてくる。
- [ ] 配偶者や恋人が、隠れて裏切っているのではないかと疑うことがある。
- [ ] 言外の意味を邪推してしまうことがある。
- [ ] 相手が約束を破ったり言葉を違えたりすると許せない。
- [ ] 自分のことを悪く言われているように思うことが、よくある。

判定方法

Ⅰ～Ⅸの各セクターごとに、◎と答えたものを２点、○と答えたものを１点、△と×を０点として、その合計得点を算出してください。もっとも得点の多いセクターが、第一のパーソナリティです。二番目、三番目に多いものにも注意を払ってください。それらは、あなたの補助的なパーソナリティです。あなたの傾向を大雑把に把握することができます。

セクター	タイプ	得点	判定
Ⅰ	回避性		
Ⅱ	依存性		
Ⅲ	強迫性		
Ⅳ	自己愛性		
Ⅴ	反社会性		
Ⅵ	境界性		
Ⅶ	演技性		
Ⅷ	アスペルガー		
Ⅸ	妄想性		

□ いつも心のどこかに、空虚な感じがある。
□ 些細なことでも、思い通りにならないと、激しい怒りにとらわれることがある。
□ 思い込みにとらわれたり、記憶が飛ぶことがある。
□ 自分は余り価値のない人間だと思ってしまう。

Ⅶ

□ みんなの関心や注目の的になっているのが好きだ。
□ 異性の注意をひいたりするのは、巧いほうだ。
□ 気まぐれで、移り気なところがある。
□ 外見やファッションには、かなり凝るほうだ。
□ 話が上手で、一緒にいると楽しいと言われる。
□ 自分の気持ちを、表情や身振り豊かに表現するほうだ。
□ 相手の態度やその場の雰囲気に影響されやすい。
□ 知り合いになると、すぐ気安く話ができるほうだ。
□ 本当のようなウソをついて、相手を信じさせるのが巧い。
□ 身のこなしが様になっていて、魅力的である。

Ⅷ

□ 孤独のほうが好きなので、誰とも親密な関係をもちたいとは思わない。
□ 自分一人で行動するほうが合っている。
□ 場違いな反応をしたり、ズレていると言われることがある。
□ 変わり者だとかユニークだとか言われることがある。
□ 一方的に喋ることがある。
□ 決まり切ったやり方や特定のものにこだわりが強い。
□ 興味のある領域には、ものすごく知識がある。
□ 人を相手にするよりも、モノを相手にするほうが性に合っている。
□ 他人がどう思おうと、余り気にしない。

- [ ] ほしいものを手に入れるためなら、他の人を利用したり、うまく言いくるめるくらいの自信はある。
- [ ] 自分勝手で思いやりがないところがある。
- [ ] 友人や知り合いの幸せを見ると、内心妬ましくなることがある。
- [ ] 態度が大きいとか、プライドが高いと思われている。
- [ ] 利用価値のないものには、冷淡である。

V

- [ ] 違法なことを繰り返ししてしまったことがある。
- [ ] 自分の利益や快楽のために、人を騙したことがある。
- [ ] 場当たり的で、将来よりも、そのときが良ければいいというところがある。
- [ ] すぐに手が出たり、暴力に訴えてしまう。
- [ ] 危険に無頓着で、命知らずなところがある。
- [ ] 仕事をすぐに辞めたり、借金を返さないことがある。
- [ ] 冷酷なことを衝動的にしてしまうことがある。
- [ ] ハラハラするようなことをするのが好きだ。
- [ ] 臆病者と思われるより、戦うことを選ぶ。
- [ ] 安全で平凡な日常よりも、刺激と冒険に満ちた人生を愛する。

VI

- [ ] 大切な人に捨てられるのではと不安になって、必死にしがみついたり、そうさせまいとして相手を困らせたことがある。
- [ ] 相手を理想的な人だと思ったり、ひどく幻滅したりの落差が激しいほうだ。
- [ ] 自分が本当はどんな人間なのか、わからなくなることがある。
- [ ] 衝動的に、危険なことや良くないことをやってしまうことがある。
- [ ] 自殺しようとしたり、そうすると言って、周囲を困らせたことがある。
- [ ] 一日のうちでも、気分が両極端に変わることがある。

- □ 相手によく思われようと、本当はやりたくないことまでやってしまうことがある。
- □ 自分一人では、生きていく自信がない。
- □ 恋人や友人と別れると、すぐ代わりの人を求めるほうだ。
- □ 誰にでもいい顔をして、外面が良いところがある。
- □ 良くないとわかっていても、相手が可哀想になって、つい甘くなってしまうことがある。
- □ 人にサービスしたり、喜んでもらうことが好きである。

Ⅲ

- □ 細かいところにこだわりすぎてしまう。
- □ 完璧にやろうとして、時間が足りなくなってしまうことがよくある。
- □ 仕事や勉強に打ち込むあまり、娯楽や人付き合いは二の次になりがちだ。
- □ 不正やいい加減なことに対しては、許せないほうだ。
- □ 役に立たないとわかっていても、捨てるのは苦手である。
- □ 自分の言う通りにしない人とは、うまくやっていけない。
- □ お金はなるべく節約して、将来のために貯金している。
- □ 頑固で妥協ができないところがある。
- □ 損得よりも、義理や責任、体面を重んじる。
- □ 礼儀正しく、堅苦しいところがある。

Ⅳ

- □ 自分には、世間の人が気づいていない才能や優れた点があると思う。
- □ 大成功をして有名になったり、理想の恋人と出会うことを夢見ている。
- □ 自分は人とは違ったところがあり、特別な人間だと思う。
- □ 周囲から賞賛されることが大好きで、批判されると憤慨する。
- □ 多少の無理でも、自分の望むことは、大抵聞いてもらえることが多かった。

パーソナリティ自己診断シート（増補版）

この簡易質問シートは、あなたのパーソナリティのタイプを知るためのものです。

各質問に、とてもよく当てはまる（◎）、当てはまる（○）、どちらとも言えない（△）、当てはまらない（×）のいずれかで答えてください。現時点のあなたの気分や行動だけでなく、過去数年間、あなたがどんなふうに感じ、行動していたかを振り返りながら、もっとも当てはまるものを選んでください。

Ⅰ

- □ 断られたり、けなされたりすると厭なので、人付き合いの多い仕事には就きたくない。
- □ 自分に好感をもっていない人とは、あまり関わりたくない。
- □ 嫌われたらいけないので、親しい人とも、自分を抑えて付き合うほうだ。
- □ 馬鹿にされたり、仲間はずれにされないか、いつも不安である。
- □ 人に会ったり、出かける約束を、直前になってキャンセルすることがよくある。
- □ どうせ自分には魅力がないので、あまり人に好かれないと思う。
- □ 新しいことをしようとすると、うまくいかないのではと不安になって、実行しないうちに諦めてしまうことがよくある。
- □ 水着を着たり、体が相手と接触したりするのは、あまり好まない。
- □ 面と向かいあって喋るのは、苦手である。
- □ 自分の気持ちや感覚を表現するのは、恥ずかしくて苦手だ。

Ⅱ

- □ 些細なことも、自分だけでは決められないほうだ。
- □ 肝心なことや面倒なことは、人にやってもらうことが多い。
- □ 頼まれると、イヤと言えず、つい応じてしまう。
- □ ものごとを自分で計画して、率先してやるよりも、人の後からついていくほうが性に合っている。

質問番号	回答番号	A	B	C	D
43			2	1	
44			2	1	
45				2	
合　計					

判定方法

A、B、C、Dの合計得点は、それぞれ「安定型愛着スコア」、「不安型愛着スコア」、「回避型愛着スコア」、「未解決型愛着スコア」です。まず、どのスコアがもっとも高かったかに着目してください。それが、あなたの基本的な愛着スタイルだと考えられます。ことに15点以上の場合には、その傾向が非常に強く、10点以上だと強いと判定されます。次に、二番目に高いスコアにも注意してください。5点以上ある場合、その傾向も、無視しがたい要素となっていると言えます。それらを総合的に踏まえて、各愛着スタイルの判定基準と特徴を示したのが、次の表です。
なお、≫の記号は、「非常に大なり」の意味ですが、ここでは、5ポイント以上の差を判定の目安と考えてください。

各愛着スタイルの判定基準と特徴

愛着スタイル	判定基準	特徴
安定型	安定型スコア≫不安型、回避型スコア	愛着不安、愛着回避とも低く、もっとも安定したタイプ
安定−不安型	安定型スコア＞不安型スコア≧5＞回避型スコア	愛着不安の傾向がみられるが、全体には安定したタイプ
安定−回避型	安定型スコア＞回避型スコア≧5＞不安型スコア	愛着回避の傾向がみられるが、全体には安定したタイプ
不安型	不安型スコア≫安定型、回避型スコア	愛着不安が強く、対人関係に敏感なタイプ
不安−安定型	不安型スコア≧安定型スコア≧5＞回避型スコア	愛着不安が強いが、ある程度適応力があるタイプ
回避型	回避型スコア≫安定、不安型スコア	愛着回避が強く、親密な関係になりにくいタイプ
回避−安定型	回避型スコア≧安定型スコア≧5＞不安型スコア	愛着回避が強いが、ある程度適応力があるタイプ
恐れ−回避型	不安型、回避型スコア≫安定型スコア	愛着不安、愛着回避とも強く、傷つくことに敏感で、疑り深くなりやすいタイプ
未解決型	未解決型スコア≧5	親（養育者）との愛着の傷をひきずり、不安定になりやすいタイプで、他のタイプに併存する

質問番号	回答番号	A	B	C	D
7		2			1
8		2			
9		2			1
10		1	2		2
11		1	2		2
12		1	2		2
13		1	2		
14			1		
15			1		
16			1		
17			1		
18			1		
19			1		
20			2		
21			2		
22		2	1		
23		2	1		
24		2	1		1
25		2	1		1
26				2	
27				2	
28				1	
29				1	
30				1	
31				1	
32				1	
33				1	
34				1	
35				1	
36				2	
37				2	
38		2	1		
39		1		2	
40		1		2	
41				1	
42			1	2	

35. 恋人や配偶者にも、プライバシーは冒されたくないですか。
①はい　②いいえ　③どちらとも言えない
36. 親しい人と肌が触れ合ったり、抱擁したりするスキンシップをとることを好みますか。それとも、あまり好みませんか。
①好むほうだ　②あまり好まない　③どちらとも言えない
37. 幼い頃のことを良く覚えているほうですか。それとも、あまり記憶がないほうですか。
①よく覚えている　②あまり記憶がない　③どちらとも言えない
38. 親しい人といるときにも、気を遣ってしまうほうですか。
①はい　②いいえ　③どちらとも言えない
39. 困っているとき、他人は親切に助けてくれるものだと思いますか。
①はい　②いいえ　③どちらとも言えない
40. 他人の善意に気軽にすがるほうですか。
①はい　②いいえ　③どちらとも言えない
41. 失敗を恐れて、チャレンジを避けてしまうことがありますか。
①はい　②いいえ　③どちらとも言えない
42. 人と別れるとき、とても悲しく感じたり、動揺するほうですか。
①はい　②いいえ　③どちらとも言えない
43. 他人に煩わされず、一人で自由に生きていくのが好きですか。
①はい　②いいえ　③どちらとも言えない
44. あなたにとって、仕事や学業と、恋愛や対人関係のどちらが重要ですか。
①仕事や学業　②恋愛や対人関係　③どちらとも言えない
45. あなたが傷ついたり、落ち込んでいるとき、他の人になぐさめてもらったり、話を聞いてもらうことは、どれくらい大事ですか。
①とても重要である　②あまり重要でない　③どちらとも言えない

集計の方法

各質問の回答番号を、回答番号の欄にご記入ください。質問番号と回答がずれないようにご注意ください。回答番号と一致する番号が、右側のA、B、C、Dの欄にあれば、それを○で囲んでください。その作業が終われば、A、B、C、Dごとに、○が囲んだものがいくつあったかを数えて、下の合計欄に記入してください。

質問番号	回答番号	A	B	C	D
1		1			
2		1		2	
3		1			
4		1			
5		2			
6		2			

16. よくイライラしたり、落ち込んだりするほうですか。
①よくある　②あまりない　③どちらとも言えない
17. 自分にはあまり取り柄がないと思うことがありますか。
①よくある　②あまりない　③どちらとも言えない
18. 拒絶されるのではないかと、不安になることがありますか。
①よくある　②あまりない　③どちらとも言えない
19. 良いところより、悪いところのほうが気になってしまいますか。
①はい　②いいえ　③どちらとも言えない
20. 自分に自信があるほうですか。
①はい　②いいえ　③どちらとも言えない
21. 人に頼らずに、決断したり行動したりできるほうですか。
①はい　②いいえ　③どちらとも言えない
22. 自分はあまり人から愛されない存在だと思いますか。
①はい　②いいえ　③どちらとも言えない
23. 何か嫌なことがあると、引きずってしまうほうですか。
①はい　②いいえ　③どちらとも言えない
24. あなたの親（養育者）から、よく傷つけられるようなことをされましたか。
①はい　②いいえ　③どちらとも言えない
25. あなたの親（養育者）に対して、怒りや恨みを感じることがありますか。
①はい　②いいえ　③どちらとも言えない

Ⅲ

26. つらいときに、身近な人に接触を求めるほうですか。それとも、つらいときほど、接触を求めようとしなくなるほうですか。
①接触を求める　②接触を求めない　③どちらとも言えない
27. 親しい対人関係は、あなたにとって重要ですか。
①とても重要である　②それほど重要でない　③どちらとも言えない
28. いつも冷静でクールなほうですか
①はい　②いいえ　③どちらとも言えない
29. べたべたした付き合いは、苦手ですか。
①はい　②いいえ　③どちらとも言えない
30. 関わりのあった人と別れても、すぐ忘れるほうですか。
①はい　②いいえ　③どちらとも言えない
31. 人付き合いより、自分の世界が大切ですか。
①はい　②いいえ　③どちらとも言えない
32. 自分の力だけが頼りだと思いますか。
①はい　②いいえ　③どちらとも言えない
33. 昔のことはあまり懐かしいと思いませんか。
①はい　②いいえ　③どちらとも言えない
34. あまり感情を表情に出さないほうですか。
①はい　②いいえ　③どちらとも言えない

愛着スタイル自己診断シート

下記の質問に対し、過去数年間のご自分の傾向を思い浮かべながら、もっとも当てはまるものを選んでください。ただし、「どちらとも言えない」が多くなりすぎると、検査の感度が低下してしまいますので、ご注意ください。

Ⅰ

1. 積極的に新しいことをしたり、新しい場所に出かけたり、新しい人に会ったりするほうですか。
①はい　②いいえ　③どちらともいえない
2. 誰とでもすぐに打ち解けたり、くつろげるほうですか。
①はい　②いいえ　③どちらとも言えない
3. もし困ったことがあっても、どうにかなると楽観的に考えるほうですか。
①はい　②いいえ　③どちらとも言えない
4. 親しい友人や知人のことを心から信頼するほうですか。
①はい　②いいえ　③どちらとも言えない
5. 人を責めたり、攻撃的になりやすいところがありますか。
①はい　②いいえ　③どちらとも言えない
6. 今まで経験のないことをするとき、不安を感じやすいほうですか。
①はい　②いいえ　③どちらとも言えない
7. あなたの親（養育者）は、あなたに対して冷淡なところがありましたか。
①はい　②いいえ　③どちらとも言えない
8. 人はいざというとき、裏切ったり、当てにならなかったりするものだと思いますか。
①はい　②いいえ　③どちらとも言えない
9. あなたの親（養育者）は、あなたを評価してくれるよりも、批判的ですか。
①はい　②いいえ　③どちらとも言えない
10. 子どもの頃の思い出は、楽しいことのほうが多いですか。
①はい　②いいえ　③どちらとも言えない
11. あなたの親（養育者）に対して、とても感謝していますか。
①はい　②いいえ　③どちらとも言えない
12. つらいことがあったとき、親や家族のことを思い出すと、気持ちが落ち着きますか。
①はい　②いいえ　③どちらとも言えない
13. そばにいなくなっても、一人の人のことを長く思い続けるほうですか。それとも、次の人をすぐ求めてしまうほうですか。
①一人のことを思い続けるほうだ ②次の人を求めてしまうほうだ
③どちらとも言えない

Ⅱ

14. 好き嫌いが激しいほうですか。
①はい　②いいえ　③どちらとも言えない
15. とてもいい人だと思っていたのに、幻滅したり、嫌いになったりすることがありますか。
①よくある　②あまりない　③どちらとも言えない

〈本書は、『パーソナリティ分析［恋愛編］』として二〇〇九年一二月に小社より刊行されたものを改題・加筆・修正した作品です。〉

主な参考文献

『イングリッド・バーグマン　時の過ぎゆくまま』ローレンス・リーマー／大社淑子訳　朝日新聞社　1989年
『オノ・ヨーコ』ジェリー・ホプキンズ／月村澄枝訳　ダイナミック・セラーズ　1988年
『血とシャンパン――ロバート・キャパ　その生涯と時代』アレックス・カーショウ／野中邦子訳　角川書店　2004年
『マーガレット　ラブ・ストーリー』マリアン・ウォーカー／林真理子訳　講談社　1996年
『ヘミングウェイと猫と女たち』今村楯夫　新潮選書　1990年
『並はずれた生涯――アーネスト・ヘミングウェイ』デービッド・サンディソン／三谷眸訳　産調出版　2000年
『図説　D．H．ロレンスの生涯』キース・セイガー／岩田昇・吉村宏一訳　研究社出版　1989年
『ヒラリーとビルの物語』ゲイル・シーヒー／櫻井よしこ訳　飛鳥新社　2000年
『母が教えてくれた歌――マーロン・ブランド自伝』マーロン・ブランド、ロバート・リンゼイ／内藤誠・雨海弘美訳　角川書店　1995年
『評伝ヘルマン・ヘッセ――危機の巡礼者』ラルフ・フリードマン　藤川芳朗訳　草思社　2004年
『ショパン　生涯編』属啓成　音楽之友社　1989年
『裸のアインシュタイン』ロジャー・ハイフィールド、ポール・カーター／古賀弥生訳　徳間書店　1994年
『御木本幸吉』大林日出雄　人物叢書　吉川弘文館　1971年
『鑑賞日本現代文学21　太宰治』饗庭孝男編　角川書店　1981年
『愛と苦悩の人生――太宰治の言葉』太宰治著、壇一雄・野原一夫編　社会思想社　1965年
『パーソナリティ障害』岡田尊司　PHP新書　2004年
『パーソナリティ障害がわかる本』岡田尊司　ちくま文庫　2014年
『境界性パーソナリティ障害』岡田尊司　幻冬舎新書　2009年
『アスペルガー症候群』岡田尊司　幻冬舎新書　2009年
『愛着障害　子ども時代を引きずる人々』岡田尊司　光文社新書　2011年

著者紹介
岡田尊司（おかだ・たかし）
1960年、香川県生まれ。精神科医、作家。医学博士。東京大学哲学科中退。京都大学医学部卒。京都大学大学院医学研究科修了。長年、京都医療少年院に勤務した後、岡田クリニック開業。現在、岡田クリニック院長。山形大学客員教授。パーソナリティ障害、発達障害治療の最前線に立ち、現代人の心の問題に向かい合っている。主な著書に『母という病』『父という病』（共にポプラ社）、『愛着障害』『回避性愛着障害』（共に光文社）、『パーソナリティ障害』（PHP研究所）、『アスペルガー症候群』（幻冬舎）などベストセラー多数。

なぜいつも“似《に》たような人《ひと》”を好《す》きになるのか

2014年9月10日　第1刷

著　者　岡《おか》田《だ》　尊《たか》司《し》
発行者　小澤源太郎

責任編集　株式会社 プライム涌光
電話　編集部　03(3203)2850

発行所　株式会社 青春出版社
東京都新宿区若松町12番1号 〒162-0056
振替番号　00190-7-98602
電話　営業部　03(3207)1916

印　刷　共同印刷　　製　本　大口製本

万一、落丁、乱丁がありました節は、お取りかえします。

ISBN978-4-413-03926-0 C0095